為替相場を最もよく知る
「ドクターFX」が謎を解く

そうだった のか!
FX 大相場の真実

吉田 恒
マネックス証券チーフ・FXコンサルタント 兼
マネックス・ユニバーシティFX学長

ビジネス社

はじめに　驚きが連続　これがＦＸ時代の為替相場だ

投資とは「先読み」です。これからどうなるか、普通はわかりません。しかし、これまでの動き（過去）がどう説明できるかは確認できるので、その関係を「先読み」の参考にするというのが予想の大原則なのです。要するに、「過去に学ぶ」ということです。

私はこれから、過去20年以上のＦＸ（外国為替証拠金取引）時代における代表的な「大相場」をいくつか取りあげて解説します。その上で、そんな大相場において大きく損を出さず利益をあげるために、どのように予測し、どのような取引が必要だったかについても説明します。

なぜこのような解説が必要なのかと申し上げますと、35年以上、財務省、日銀のほかワシントン、ニューヨークなど内外にわたり幅広く取材活動を展開した中で、「過去を学ぶこと＝歴史を知ること」が投資を成功させる最短距離であることに気がついたのです。

この「気づき」の結果、２０００年ＩＴバブル崩壊とその後の円急落、２００７年円安バブル崩壊、２０１２年アベノミクス円安、２０１６年トランプ・ラリーなどの大相場予測をことごとく的中させ、話題となりました。

おかげさまで私は「ドクターＦＸ（ＦＸ博士）」といった異名をいただいております。ちなみに「ドクターＸ」といえば、大人気のＴＶドラマのタイトルです。この番組の中で、主演の米倉涼子さんの決め台詞が「私、間違えませんから」でした。

それにならうなら、「私は予想を外しませんから」となり、さすがにそれほどではないですが、「ドクターＦＸ（ＦＸ博士）」といった異名をいただいたのは光栄なことです。

その意味では、これからＦＸを始める人、これまでＦＸをやってきたけど、うまくいかなかったと思っている人にこそ、この本を読み、「過去に学ぶ」ことで、これからの取引の参考にしていただければと思います。

これから学ぶＦＸの歴史は、「アッと驚く」ことが連続しました。まずは、その中から私が選んだ「アッと驚く」トップ12を以下に紹介したいと思います。

▼ＦＸスタート直後、１米ドル＝１５０円に迫る円安が起こった

ＦＸが始まったのは１９９８年。前年から大手の証券会社、銀行の経営破綻が相次ぐなど、当時は日本経済悲観論の真っただ中にあったこともあり、同年8月には1米ドル＝１４７円まで米ドル高・円安となりました。今ではちょっと想像できないような円安だったのです。

▼**FXスタート直後、3営業日で約25円も米ドルは暴落した**

98年10月6〜8日にかけて起こりました。1米ドル＝135円程度から、たった3営業日で110円割れ寸前まで米ドルは大暴落となったのです。これは、FXが始まって以降では、最大の暴落相場でした。

▼**アベノミクスの主役、黒田東彦《はるひこ》日銀総裁は、通貨政策責任者時代に円高阻止に苦戦した**

株高・円安が大きく進んだアベノミクス相場では、2度の金融緩和でマーケットの度肝を抜いた黒田総裁こそ、主役の存在だったでしょう。その黒田総裁が10年以上前に通貨政策の責任者である財務官に就任した直後は、円高阻止に大苦戦したのでした。

▼**ITバブル崩壊の株暴落の中、「安全資産」の円は130円超へ大幅円安となった**

ITバブル崩壊の株暴落は、「究極のリスクオフ（回避）」といえるでしょう。「リスクオフなら安全資産の円は買い」が今の常識だと思いますが、ITバブル局面では円安が進行しました。しかも1米ドル＝130円超の円安は、今のところ21世紀最大の円安となっています。

▼**ITバブル崩壊、株暴落第2幕は日銀の「利上げ」がトリガーとなった**

ITバブル崩壊の株暴落スタートは、米ナスダック指数でみると2000年3月。それから5カ月後の8月に、日銀はゼロ金利解除で小幅に利上げを行いました。株暴落の最中に利上げすることは普通はありえませんが、それは結果がわかっているから言えることで、当時はバブル崩壊との認識がなかったのです。

▼ITバブル崩壊で、米ナスダック指数は1年もしないうちに半値以下に暴落した

ITバブルの株高ピークは、00年3月の米ナスダック指数5000ポイント。ところが、同年末には2500ポイント割れ。1年も経たない中で半値以下になる、これぞ「バブルの崩壊」ということなのです。

▼リーマン・ショックを前後して、豪ドルは3カ月で約5割暴落した

08年に起こった「リーマン・ショック」。それに前後して、当時FX投資家から大人気となっていた豪ドル（通称・オージー）／円は、約3カ月で1豪ドル＝100円台から50円台へ大暴落となりました。「リーマン・ショック」当時の、FX界では「大事件」といえる出来事でした。

▼リーマン・ショックの株暴落が終了した後も米ドルの下落は止まらず、1米ドル＝75円まで続落した

「リーマン・ショック」の株安はNYダウの場合、2009年3月で終わりました。ところが、反発に向かう株価を尻目に、米ドルは下落が続き、ついには戦後の円最高値、1米ドル＝80円を更新する展開に向かったのです。「リーマン・ショック」を受けた「100年に1度の危機」から脱出するための米国の積極的な金融緩和が、米ドルを下落させる要因になったと見られました。

▼欧州債務危機解決を主導したドラギＥＣＢ（欧州中央銀行）総裁の評価は、当初は極めて低かった

欧州債務危機は主に10〜12年に展開しました。その収拾に指導力を発揮したのは、11年にＥＣＢ総裁に就任したマリオ・ドラギ氏でしたが、当時の危機の主役、イタリアの出身者だったことから、一般的な期待値はとても低いものだったのです。しかし結果的には、そんな下馬評をひっくり返す大活躍となったのでした。

▼アベノミクスの主役、黒田日銀総裁の2回の金融緩和で、1カ月で10円もの大幅な円安が起こった

アベノミクスの株高・円安を大きく進めたのは、13年4月と14年10月の2度の黒田日銀総裁の下での金融緩和、「黒田緩和」でした。海千山千の世界の投資家の意表をついたことで、1日で3円、1カ月で10円もの円安大相場が展開するきっかけとなったのです。19年の米ドル／円は、1年で10円も動かなかったことを考えると、いかに凄いインパクトだったかがわかるでしょう。これに敬意を表して、「黒田バズーカ」との異名もついたのです。

▼円安を主導した黒田日銀総裁、しかし円安を止めたのも黒田総裁だった

前述のように、アベノミクス円安を主導した黒田総裁でしたが、そんな円安も15年6月、1

米ドル＝125円で終わりました。そして円安終了のきっかけになったのも「黒田発言」だったのです。その意味で、アベノミクス円安は「クロダに始まりクロダで終わる」ことになったのでした。

▼米大統領選挙でトランプ勝利となったら、株の大暴落は不可避と思われていた

16年11月の米大統領選挙では、万一「トランプ大統領誕生」となったら、この世の終わりかもしれないと思われていました。トランプ大統領は予想通り、むしろ予想以上に自分本位でハチャメチャで、とても世界のリーダーらしくありませんでしたが、それでもこの世の終わりとはなりませんでした。

それでは、時計の針を逆戻りさせて、ＦＸ時代を代表するドラマティックな為替相場をご紹介していきたいと思います。

第2章 アベノミクス円安の真実

第3章 番外編（その1） ユーロを守った男

第4章 リーマン・ショックの真実

第5章 番外編（その2） 円高阻止をめぐる名勝負

第6章 ITバブル崩壊の真実

最終章 コロナ相場の真実

第1章

トランプ・ラリーの真実

「トランプ暴落」はなぜ起こらなかったのか

最初にとりあげるのは「トランプ・ラリー（急騰）」です。2016年11月の米大統領選挙で、共和党のトランプ候補が事前の下馬評を覆し、「まさか」の勝利となりました。それまでのトランプ氏の破天荒な言動から、トランプ勝利となれば、株式市場も米ドルも暴落する（「トランプ・ショック」）との見方が大勢でした。ところが、それとは正反対に、株価も米ドルも大暴騰に向かう「まさか、まさか」の結果になったのです。

改めて確認してみると、激しい値動きで、まさに「大相場」だったことがわかります。まず、選挙の開票が進む中で、「トランプ勝利」の可能性が出てくると、11月9日、日本などアジアの株式市場は軒並み暴落に向かいました。この日の日経平均はなんと900円以上の下落となりました。固唾を呑んで見守っていた米ドルも、一気に101円まで急落したのです。当時の感覚からすると、100円割れは通過点に過ぎず、何やら大変なことが起ころうとしている感じが満ちあふれていました。

ところが、そんなムードはこの日の日本時間午後に入ったあたりから、急変に向かいました。「トランプ勝利」の可能性が強まる中で、株価は下げ渋り、それどころか欧州市場が開くと、逆に主な株価指数は上昇に向かい出したのです。それを見ながら、米ドルも100円割れの手前で踵《きびす》を返し、反発に転じました。

株高、米ドル高は、お膝元の米国市場がオープンするといよいよ本格化し、この日のNYダウは250ドル以上の大幅高、米ドルも105円を回復しての引けとなったのです。

なぜ、このような「トランプ・ラリー」となったのか。その答えは、今でもまだ出ていません。しかし、この本を読んで、まさにその「真実」に迫ることになるのです。

それにしても、**「暴落」すると思っていたところが、正反対の「暴騰」が起こったのですから、市場参加者が大きな読み違えをしていた、ということは言えます**。さらに、読み違いは1つだけということはなく、複数重なっていたのではないでしょうか。市場参加者が読み違えた複数の要因とは何か。それは、「景気の回復」でした。

景気を読み違えていた

米大統領選挙でトランプ候補の勝利が決定した16年11月9日、NYダウは256ドルと比較的大きく上昇しました。事前には「暴落不可避」との見方が大勢だったにもかかわらず、正反対の結果になったのはなぜか。

その一因として、私は「景気回復を読み違えた」ことだろうと述べました。というのも、やはり**株の暴落、暴騰といった大きな動きの場合、景気との間には一定の関係がある**からです。

実際にNYダウが1000ドルの大暴落となったのは、2015年8月24日と16年6月24日でした。前者は「チャイナ・ショック」、後者は「Brexit（英国のEU離脱）ショック」と呼ばれました。

「トランプ・ラリー」となったケースと、「チャイナ・ショック」、「Brexitショック」との違いをうまく説明できるのが、じつは「景気」です。

たとえば、「チャイナ・ショック」、「Brexitショック」が起きた当時の米国の四半期成長率は2％を下回る状況が続いていました。一方、「トランプ・ラリー」が起こった時は2％以上に景気が急回復した局面でした。

このように見ると、**景気が減速している局面で何か「きっかけ」があると株安は本格化する懸念があるものの、景気回復が続いている場合は、何か「きっかけ」があっても株安は限定的にとどまる**、と言えるのです。

この読み違いが起きたのは、ある意味で、多くの人々が景気減速に慣れ、景気回復への転換に気付かなかったからかもしれません。そしてそんな時に、「Brexit以上のネガティブ・サプライズ」となりそうなトランプ米大統領の誕生になれば、「Brexitショック」を上回る「トランプ・ショック」が起こり、世界恐慌が再来するといった懸念が強くなったのも、今考えれば、おかしくない気がします。

しかし、実際には景気は回復へと急転換していたのです。**16年第３四半期の米経済成長率は３％以上に急上昇しました。多くの人々が忘れていた「景気回復への劇的な転換」があったからこそ、「トランプ・ショック」は不発となり、それどころか正反対の「トランプ・ラリー」をもたらした**のでしょう。

以上のように見ると、「トランプ・ラリー」という歴史的大相場をもたらした鍵は、なぜ米景気は回復へ急転換したのかということになるでしょう。その「影の主役」こそ、原油相場だったのではないでしょうか。

急回復していた原油相場

原油相場は14年の夏までは、１バレル＝１００ドルを超えた水準で推移していました。ところがその後、暴落が始まると、16年初めには一時30ドルも割れるところとなったのです。じつは、この原油相場こそが、16年前半にかけての米景気の減速、そしてその後の回復への急転換の、まさに「影の主役」になったと言えそうです。

なぜ原油相場が米景気にそれほど影響するようになったのでしょうか。それは米国が「世界一の産油国」になったためです。シェール革命、シェール原油の登場により、**米国は14年からサウジアラビアやロシアを抜いて「世界一の産油国」となりました。**

原油高、原油安にはそれぞれにメリット、デメリットがあり、どちらが良いとは一概に言えないものです。ただ中東の産油王国サウジなら原油高はプラス、原油安ならマイナスと明確に分かれます。そんなサウジを抜いて「世界一の産油国」となった米国も、原油安はマイナス、原油高はプラスの要素がそれぞれに強くなっていたのでしょう。

それを踏まえると、15年から16年にかけての米景気の変化はとても理解しやすくなります。**16年前半にかけて米景気が急減速したのは、「世界一の産油国」である米国にとって、原油暴落の悪影響が大きかった。そんな原油相場は16年2月に底を打つと、夏にかけて急ピッチで回復に向かったた**のでした。

16年2月に26ドルで底を打ったNYの原油先物、WTI（ウエスト・テキサス・インターミディエイト）は、6月には50ドルの大台を回復しました。つまり16年は夏にかけて原油相場が一転して倍の水準へ急上昇したのでした。

原油相場の急上昇は米国の景気回復に大きく貢献し、16年の経済成長率は第1、2四半期の1％台から、第3四半期には3％超へ急改善、そして第4四半期も2％以上となりました。

基本的に景気が回復している局面では、ネガティブ・サプライズの「きっかけ」があっても株安は広がりにくい、と説明しました。トランプ勝利というネガティブ・サプライズがあった時はまさにそんな状況となっており、株安が広がらなかった「影の主役」は原油相場だったわけです。

16年11月米大統領選挙の当時、米景気は急ピッチで回復していました。しかし株式市場では景気回復への意識は薄く、「悪の大魔王」のような印象のトランプが万一にも勝利してしまったら暴落は必至との見方が圧倒的でした。「Brexitショック」からまだ半年も経たず、「暴落」の記憶が生々しく残っていた影響です。

暴落恐怖症がもたらした「踏み上げ相場」

「トランプ・ラリー」が起こる4カ月余り前、16年6月24日に「Brexitショック」が起こりました。英国の国民投票で、EUからの離脱が賛成多数となると、世界的にリスク回避の動きが急拡大しました。この日106円台で取引の始まった米ドル／円は、あれよあれよという間に100円を割る暴落となったのです。

この日の米ドルの最大下落幅は7円以上でした。ちなみに、19年の米ドル／円は104〜

112円台で推移、1年間の最大値幅も8円程度だったので、この「Brexitショック」がいかに凄《すご》い値動きだったかがわかります。

この頃、具体的には15年から16年前半にかけては、このような「××ショック」が何度か起こりました。15年8月24日の「チャイナ・ショック」もその1つです。

中国の突然の人民元切り下げがきっかけとなって、8月24日のNYダウは一時1000ドルの大暴落となりました。その中で、米ドル/円も122円から116円まで6円もの暴落となりました。

なぜこの時期に「ショック相場」が相次いだのか。それについて私はこれまで、景気減速局面では株の暴落が起こりやすいということを述べました。

15年第3四半期から16年第2四半期にかけて、米国の経済成長率は2%を下回る結果が続きました。それは、「世界一の産油国」となった米国に原油相場の暴落が悪影響を及ぼしたからだと私は考えました。

その観点からいえば、原油相場が16年夏にかけて急上昇する中で、米景気も第3四半期の経済成長率が3%以上となるなど急回復していたわけですから、株は暴落しにくくなっていたはずです。

ただし人間の心理として、短期間に何度も株の暴落や、米ドルが1日で6~7円も暴落するような激しい動きを見てくると、その生々しい「暴落の印象」はとても強いものとなります。

16年の米大統領選挙において、当初、共和党のドナルド・トランプ氏はほとんど「泡沫《ほうまつ》候補」の扱いでした。それが、「まさか」共和党の候補者に選ばれたのです。

一方のライバル、民主党の大統領候補は、「本命中の本命」で、かつての米大統領ビル・クリントン氏の夫人。クリントン大統領の現役時代から、大統領以上に「才人」と誉の高かったヒラリー・クリントン氏でした。

「泡沫候補vs.超本命候補」の戦いで「泡沫・トランプ」の勝利など「まさかの、まさかの、まさか」だったのです。だからこそ「トランプ勝利」の可能性は、この間繰り返された生々しい暴落の記憶としては「景気回復なんて気休めにもならない」といった思いにさせたとしても不思議はなかったかもしれません。

市場において、売り手が買い戻しに追い込まれることを「踏み上げ」といいます。**生々しい暴落の記憶、ある意味で「暴落恐怖症」になっていた市場が、一斉に買い戻しに追い込まれたことで起きた歴史的「踏み上げ相場」、それこそが「トランプ・ラリー」の真実だった**のではないでしょうか。

安全資産が「買われ過ぎ」

これまで述べてきたことから私が伝えたかったのは、当時においては、金融市場が「暴落恐怖症」に陥るのも当然の状況だったということです。

そもそも人間の感覚には限度があります。そんな主観を諫《いさ》めるためには、客観情報を活用する必要があります。では米大統領選挙前の客観情報とはどんなものだったのでしょうか?

当時、金融市場は断続的な「ショック相場」に見舞われる中で、行き過ぎた悲観論に陥っていた可能性がありました。金融市場には、「リスク資産」と「安全資産」といった分類があります。悲観論が行き過ぎた状況に陥っているなら、リスク資産が売られ過ぎた状況になっているか、または安全資産が買われ過ぎた状況になっている可能性があるでしょう。

米大統領選挙までに、「チャイナ・ショック」や「Brexitショック」など金融市場は歴史的な暴落に見舞われました。その中でリスク資産は売られ、リスク回避で安全資産へのシフトが起こりました。

ただし物事には限度があります。リスク資産の売りが続き、一方で安全資産の買いが続くと、それが限界を超えた動きになってはいないだろうか——。私が特に注目したのが、安全資産の動きでした。

金融市場で伝統的な安全資産とされるのは、金（ゴールド）や国債などの債券、そして通貨では、「有事の米ドル買い」といった言葉が示すように、基軸通貨の米ドルと永世中立国スイスの通貨、スイスフランが有名です。このほかに近年、リスクオフ（回避）局面で買われる傾向が強いことから、代表的な安全資産とされるようになっていたのが日本円でした。

私は、この中で日本円に注目しました。通貨の総合力を示す指標を実効相場と呼びますが、**円の実効相場は「ショック相場」が続く中で、大きく上昇していました。それを過去の平均値である移動平均線（ムービング・アベレージ＝MA）からの乖離《かいり》率でみると、記録的な「上がり過ぎ」を示す結果となっていた**のです。

トランプ暴落「予想ハズレ」は察知できた

相場は行き過ぎるものです。その最たる例が「バブル」でしょう。その「行き過ぎ（オーバーシュート）」をどうやって判断するかということは、相場を見る上でとても重要なポイントになります。

相場の「行き過ぎ」の見極め方として、私がよく使う方法が、過去の平均値からの乖離《かいり》という方法です。専門用語では移動平均線（MA）といいます。

たとえば過去3カ月の平均なら90日MA、そして過去1年なら（1年は基本的に52週間なので）52週MAとなります。過去の平均値から大きく乖離した動きは、「行き過ぎ」のわかりやすい目安となるわけです。

米大統領選挙前に私が注目したのは、代表的な安全資産とされる円の総合力を示す実効相場が、過去の平均値であるMAを大きく上回っていたことでした。

円実効相場の52週MAからの乖離率は、基本的に＋－10％中心に推移してきました。それを超えると「上がり過ぎ」、「下がり過ぎ」懸念が強くなります。そんな円実効相場の52週MAからの乖離率は、米大統領選挙前に一時プラス16％程度まで拡大し、なんとあの「リーマン・ショック」が起こった08年以来の「上がり過ぎ」となっていたのです（図表参照）。

代表的な「安全資産」とされる円が、総合的に「上がり過ぎ」懸念を強めているということはどういう意味があるのでしょうか。普通に考えると、暴落リスクに備えた安全資産へのシフトが、過去の実績から見ると「行き過ぎ」になっている可能性があるということでしょう。

要するに、この客観データこそは、暴落論が「行き過ぎ」の可能性があることを示唆していたといえるでしょう。

トランプ氏が「世界のリーダー」たる米大統領になることを「怖れる」のは、自然な感覚か

円実効相場の52週MAからの乖離率（2000〜18年）

（リフィニティブ・データをもとにマネックス証券が作成）

もしれません。

ただ一方で、「物事には限度がある」のも真実です。たとえ、「恐怖の大魔王」たるトランプ氏によって世界が支配されることになっても、すでにその前から「チャイナ・ショック」、「Brexitショック」と暴落相場を繰り返してきた結果、さらなるリスク回避の安全資産買いによって、円高が進む余地は限られそうな状況になっていました。

だから、まさかのトランプ勝利が現実になっても株安・円高は意外に限られる、別な言い方をすると「トランプ暴落」予想は外れるかもしれないことを察知する、明らかに重要な手掛かりだったのです。

「トランプ・ラリー」となったもう1つの理由

米大統領選挙の開票が進むと、日経平均は900円以上の大暴落となりました。しかしその後、お膝元の米国の株式市場が始まると、株価は上昇に向かい、NYダウは250ドル以上と比較的大きく上昇して引けたのです。「トランプ暴落」は結局、日本などアジア市場だけとなり、本家本元の米国株式市場は、予想外の株高となりました。

これをどう解説するのか。たとえば、ある解説では、「選挙期間中は滅茶苦茶な言動が目立ったトランプ氏だったが、勝利決定後に登場した姿は意外にも威厳に満ちて堂々としていた。だから、金融市場も評価したのだろう」と分析されました。とても後講釈ぶりがプンプンしています。

もう1つ多かったのが「トランプ減税」を理由とする見方です。トランプ氏は選挙期間中、大型減税を公約していました。この減税を中心とした「トランプノミクス（トランプ大統領の経済政策）」は、景気回復、金利上昇、株高をもたらすものであり、「金融市場はトランプ勝利決定直後からそれを織り込む動きになった」といった解説です。

でもそれなら、「先に言ってくれよ」ということです。それまでの「トランプ暴落」予想は何だったのか、となるのが普通です。

「では、お前はどうだったんだ？」と思われるでしょう。私は、今回述べてきたようなことをずっと考えて、リポートやセミナーで発信していました。

さすがに、トランプ氏が本当に大統領選挙で勝ってしまうとなると、直後の「トランプ暴落」は不可避だろうという思いでした。しかし、円実効相場の動きなどから、「行き過ぎた悲観論」になっている可能性があり、さらに原油相場の回復などで景気上昇が見込まれることから、株安も限定的にとどまり、株高・円安に変わっていくだろうと考えました（とはいえ「トランプ暴落」がほとんど半日で終わり、「トランプ・ラリー」に急転したのは予想以上で、驚いたというのが正直なところです）。

しかし、これまで述べてきたように、**「暴落はない」「メイン・シナリオは株高・円安」と考えていたので、頭の切り替えも比較的簡単**でした。

そして、トランプ勝利決定から半日もしないうちに、メイン・シナリオの株高・円安の動きが出てきたことで、それが一気に大きく進む可能性があるということも、すぐに頭に浮かんでいました。4年に1度の米大統領選挙後の特徴的な相場の動きである「アノマリー」を、私はとてもよく知っていたからです。

米大統領選挙の「アノマリー」

米大統領選挙でのトランプ候補の勝利が濃厚となった11月9日、米ドル／円は１０１円まで急落しました。しかし、その後上昇に転じると、１０５円に戻してその日の取引を終えました。その日の寄り付き水準を僅《わず》かながら上回っての引けとなったことで、チャート的には米ドルの陽線（米ドル高）引けとなったのです。

それが米ドル快進撃の始まりでした。米ドルは12月15日には１１８円台半ばまで急上昇し、何と1カ月余りの短期間に、17円もの大幅な上昇を演じるところとなりました。これこそが、為替相場において「トランプ・ラリー」と呼ばれた動きでした。

なぜ「トランプ暴落」が不発に終わると、一転してこのような「トランプ・ラリー」に向かうところとなったのか。それに対する答えは、「米大統領選挙後の相場とはそのようなもの」ということです。

米大統領選挙前後の為替相場には特徴的な傾向があります。それは、選挙前は方向感を欠いた小動きが続きやすいが、選挙前後から突然一方向へ大きく動き出し、一気に年初来の高値か安値のどちらかを更新するというものです。

これを論理的に説明するには難しいものがあります。ただ、理屈はよくわからないものの、似たようなパターンが繰り返される――。こういったことを金融市場では「アノマリー」と呼びます。

上述のようなプライス・パターンは、私がこれまで、自身の本などでも紹介してきた代表的な「アノマリー」です。

たとえば、２０１６年の前の米大統領選挙は12年11月でしたが、この時も選挙前後から突如、大きく動き出した米ドル／円は、一段高となって年初来の高値を更新しました。後から振り返ると、それは「アベノミクス円安」の始まりだったのです。

その前の08年の大統領選は、いわゆる「リーマン・ショック」の大混乱の最中だったこともあり、米ドルは一段安となり年初来安値を更新しました。そしてその前の04年は選挙後に米ドルは一段安へ、00年は選挙後に一段高へ向かうといった具合に、論理的に説明できないものの、一方向へ大きく動く「アノマリー」が続いてきたのです。

結果的に16年11月の米大統領選挙後は一段高となり、年初来高値（１２１円）更新には至らなかったものの、１カ月余りで最大17円もの米ドル急騰となりました。つまり「トランプ・ラリー」は、「アノマリー」通りの動きだったのです。

「トランプ・ラリー」はなぜ終わったか

16年11月9日の101円から12月15日の118円まで、わずか1カ月余りで一気に17円もの米ドル急騰劇となった「トランプ・ラリー」でしたが、振り返ると118円が米ドル高の終わりでした。

とてもドラマティックな大相場となった「トランプ・ラリー」は、ごく短期間の出来事に過ぎなかったのです。では、どうして「トランプ・ラリー」は終わったのでしょうか。

結論的に言うと、米金利の急騰が一段落したからでしょう。

「トランプ・ラリー」当時の米ドル／円は、日米金利差とほぼ連動する展開となっていました。その金利差は、米金利の急騰により米ドル優位が急拡大し、それが米ドルの急騰をもたらしたといえそうです。

この米金利急騰、たとえば米長期金利である10年債利回りは、米大統領選挙前の7月には1・3％でしたが、12月には2・5％まで、つまり5カ月程度でほぼ倍になったのです。

金利とは債券利回り。そして債券は「安全資産」の代表格です。これまで述べてきたように、「トランプ・ラリー」前夜の特徴の1つは、「暴落恐怖症」の行き過ぎた悲観論でした。その結果、「安全資産」は買われ過ぎになっていたのです。
「安全資産」の買われ過ぎ→債券の買われ過ぎ→債券価格の上がり過ぎ＝債券利回り（金利）の下がり過ぎ、といった構図だったと考えられます。その意味では、「トランプ・ラリー」当初の金利急騰は、「下がり過ぎ」の反動が大きかったでしょう。そこに、トランプ減税という基本的に債券需給の悪化材料も目の前に飛び出したことから、金利急騰に一段と拍車がかかったということでしょう。

ただし、物事には限度があります。すでに何度か指摘してきた次元の違う「真理」は、ここでもやはり参考になりそうです。

米金利、米10年債利回りの52週MAからの乖離率は、＋－20％の範囲内で推移するのが基本でした。ところが、「トランプ・ラリー」前には、それはマイナス30％まで拡大、経験的には「下がり過ぎ」懸念が強くなっていたことを示していました（図表参照）。

ところがその後、金利が急騰すると、この乖離率は16年12月にプラス40％まで拡大しました。つまり一転して米金利は記録的な「上がり過ぎ」となった可能性があったのです。

「下がり過ぎ」の反動で上昇に向かった米金利が、勢い余って一転「上がり過ぎ」となったものの、動きの持続には自ずと限度があった――。こうして、米金利急騰に連動した米ドル急騰の「トランプ・ラリー」も幕を下ろすところとなったのです。

乖離率の推移

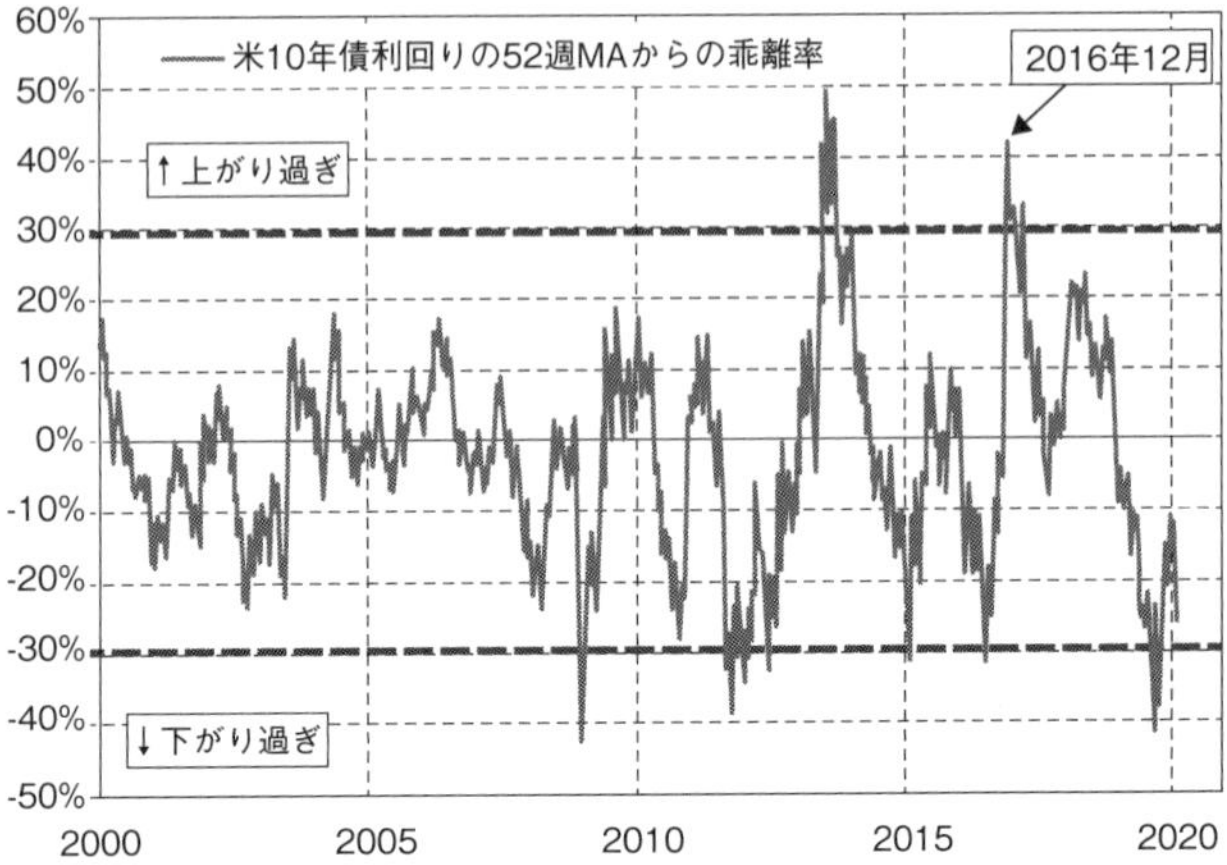

（リフィニティブ・データをもとにマネックス証券が作成）

これまで16年11月の米大統領選挙後の米ドル急騰の大相場、「トランプ・ラリー」の謎解きを行ってきました。「トランプ暴落」が起こらなかった謎、それどころか正反対の「トランプ・ラリー」となった理由についての、私の謎解きは参考になりましたか？

私が使った、株安と景気の関係、相場の行き過ぎの確認、「アノマリー」など数々の分析手法は、「トランプ・ラリー」でしか使えないものではなく、基本的には「再現性」に対応できるものが多いはずです。

ほかのFX大相場でもこういった「再現性」の期待できる分析方法を駆使しながら、「謎解き」を行い、さらに新たな分析手法をもっと多く増やしていきたいと思います。それは過去を振り返るだけでなく、現在の投資にも役立つことでしょう。

「トランプ・ラリー」の振り返り

16年の米大統領選挙では、トランプ候補が勝利すれば株も米ドルも暴落するという見方が大勢だったが、株も米ドルも大暴騰した。なぜ予想ははずれたのか。１つは市場参加者が景気を読み違えていたからだった。

米国はシェール革命ですでに「世界一の産油国」となっており、同年前半の原油相場の急反発によって、景気は大きく回復していた。にもかかわらず、金融市場はそれまでに相次いだショック相場で一種の「暴落恐怖症」に陥っていた。その反動が正反対の「トランプ・ラリー」をもたらす要因となった。さらに大統領選挙前後の為替相場は「アノマリー」といわれ、一方向に大きく動く特徴がある。そのプライス・パターンもまた相場を押し上げる役割を果たした。

「トランプ暴落」予想がはずれることは、事前に察知できなかったのだろうか。市場が「行き過ぎた悲観論」に陥っていたことは、客観的な指標からある程度、わかっていたはず。

すなわち暴落リスクに備え、代表的な安全資産といわれる円が買われて「上がり過ぎ」になっていた。このためトランプ勝利が現実になっても、円高がこれ以上進む余地は限られており、米ドルの暴落が起きないことは、じつは十分に察知できたのである。

第２章

アベノミクス円安の真実

歴史的な円安大相場

今回からは、「アベノミクス円安」をとりあげます。「アベノミクス円安」とは、2012年12月の総選挙で自民党が大勝し、安倍晋三政権がスタートする前後から、それまで75円まで下落していた米ドル／円が、2年半で125円まで50円近くも上昇した歴史的な円安大相場です。

それにしてもこの相場、そこで米ドルを買っていたらいくらになったか、つい取らぬ狸の皮算用をしたくなってしまうのではないでしょうか。

「アベノミクス円安」のスタートは、じつはこれまで見てきた「トランプ・ラリー」と同じだったと言っていいかもしれません。

スタートした12年12月は、米大統領選挙が行われた直後でもありました。第1章の「トランプ・ラリー編」でもご紹介したように、米大統領選挙年の米ドル／円には、選挙までは方向感の乏しい小動きが続くものの、選挙前後からとたんに一方向へ大きく動き出し、年末までに年初来の高値か安値のどちらかを更新するといった「アノマリー」がありました。

「トランプ・ラリー」も、この「アノマリー」通りだったといえるものでしたが、「アベノミクス円安」も、そのスタートは「トランプ・ラリー」以上に「アノマリー」通りといえる展開だったのです。

12年の米ドルは、10月まで70円台後半から80円台前半での一進一退が続いていました。ところが、11月頃から突如大きく上昇方向へ向かい出すと、年初来の高値を更新、一気に90円へ迫る動きとなりました。

きっかけは、11月に当時の民主党・野田佳彦総理が解散・総選挙を決断し、自民党への政権交代の見通しが強まったこと、そしてその自民党・安倍新政権の経済政策である「アベノミクス」への期待から、株高も大きく進み始めたということでした。それにつられる形で米ドル高・円安が広がっていったのです。

米大統領選挙年の「アノマリー」からすると、政権交代も、アベノミクスへの期待も「きっかけ」に過ぎなかったということでしょう。そもそも米ドル／円が一方向へ大きく動こうとする中で、「アベノミクス」関連の材料は、その絶好の口実になったということです。

「アベノミクス円安」は政策相場だった

2年半で約50円もの歴史的円安大相場となった「アベノミクス円安」は、米大統領選挙年の「アノマリー」がバッチリ、はまった結果でした。

「アノマリー」とは、論理的には説明はつかないが、しかし繰り返されるパターンだと説明するのが基本です。しかし、これだけ似たプライス・パターンが繰り返されてきたにもかかわらず、それにまったく理屈がないということは考えにくいところでしょう。だから、私なりに、以下のように説明するようにしています。

米大統領といえば、「世界のリーダー」です。そんな重要人物が決まる前は、基本的に政策も大きな変更はできず、手掛かりが乏しいため、相場も方向性が出にくい。そんな小動きが長く続くと、エネルギーが蓄積される。そして選挙が終わり、新たな政策の見通しが出てくると、これを手掛かりに溜まったエネルギーが発散されて、一方向へ大きく動きやすくなる――。

米大統領選挙年の「アノマリー」にうまく乗じた、ということもあったのか、アベノミクス円安は颯爽《さっそう》たるスタートダッシュとなりました。2013年に入ると、いわゆる「政策相場」の様相を色濃くし、一段と株高・円安が加速に向かいました。

この「政策相場」という点が、「トランプ・ラリー」との大きな違いであり、「アベノミクス円安」の最大の特徴といえるものでしょう。

つまり、「アベノミクス円安」は、ある程度、円安や株高への誘導を意識し、経済政策を発動したものでした。これに対して「トランプ・ラリー」は、少なくとも米ドル高への誘導を目指したわけではまったくなかったでしょうが、結果的に、当時の「暴落恐怖症」の反動などか

米ドル／円と日米金利差（2012～15年）

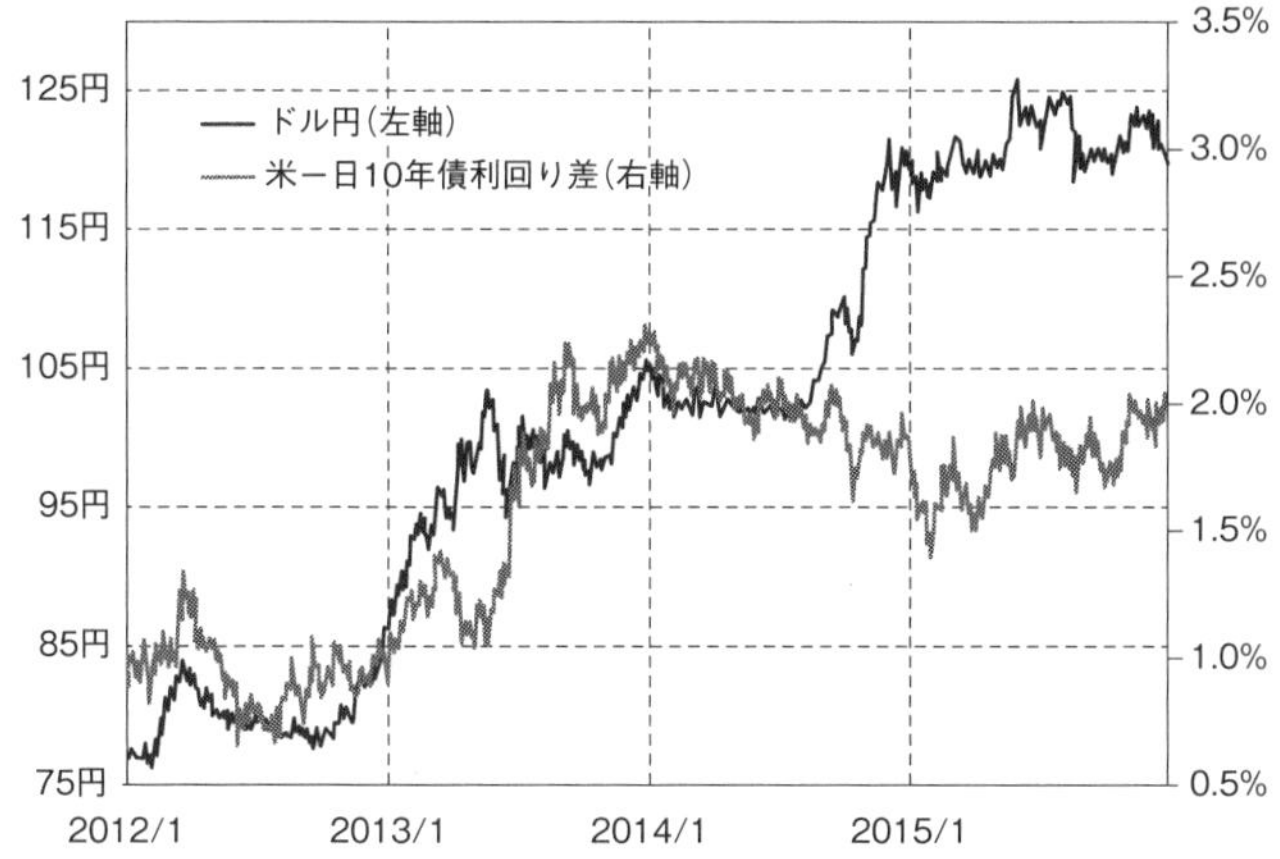

（リフィニティブ・データをもとにマネックス証券が作成）

ら、記録的な米ドル急騰が起こったということです。

そのせいか、当時の米ドル／円は株価とほぼ連動して推移しました。これは、同じ米ドル／円に日米金利差のグラフを重ねたものと比較するとよりわかりやすいでしょう（図表参照）。

じつは日米金利差による米ドル優位の拡大は14年初めで一巡したので、その後15年にかけて１２０円を超えて一段と米ドル高・円安が広がった動きは、金利差とは乖離したものだったのです。金利差から乖離し、１０５円を大きく上回り、さらに１２０円を超えるまで米ドルが上昇した動きをある程度、説明できたのは、日経平均が１万６０００円を大きく超えて、２万円の大台すらも超えるまで一段高となった動きだったのです。

主役は黒田日銀総裁

ここまで「アベノミクス」という言葉を、ほとんど説明することもなく使ってきましたが、基本的には安倍政権、または安倍総理の経済政策という意味です。1980年代の米レーガン政権時代に、ロナルド・レーガン大統領の経済政策という意味で、「レーガノミクス」という言葉が使われたことを真似たということですね。

ちなみにこれをさらに真似て、トランプ大統領の経済政策を「トランプノミクス」または「トラポノミクス」と呼ぶこともあります。

いずれにしても「アベノミクス」の象徴とされたのが、大胆な金融政策、機動的な財政発動、民間投資を喚起する成長戦略で構成された「3本の矢」という言葉でした。この中で、歴史的な株高・円安が展開することへ最も大きく影響したのは、やはり大胆な金融政策でしょう。それを主導したのは日銀総裁に就任した黒田東彦氏でした。

黒田日銀総裁こそ、政策相場「アベノミクス円安」の〝主役の中の主役〟といえるのではないでしょうか。そこでこれからは、黒田総裁の「真実」に迫ってみたいと思います。

黒田氏は、2013年3月20日に第31代の日本銀行総裁に就任します。4月4日、総裁就任後初めてとなる金融政策決定会合で、２％の物価上昇目標を２年程度で実現するために、日銀が供給するマネタリーベースを２年間で２倍にするなど、大胆な金融緩和に踏み切りました。

　この日の米ドルは93円で取引が始まり、一時92円台後半まで下落したものの、予想を超える大胆な金融緩和、「黒田サプライズ」が発表されると一気に96円を超えるまで３円以上の大幅な円安となりました。その後も米ドル高・円安は続き、約１カ月後には１００円の大台を超え、１０３円を記録するところとなったのです。

　黒田総裁が主導した大胆な金融緩和は、約１年半後の14年10月31日にも行われました。いわば「黒田サプライズ２」ということですが、この時の米ドル／円のプライス・アクションも、じつは「サプライズ１」のケースとほぼ似たものとなりました。

　サプライズ決定のあったその日、米ドルは３円以上上げ、約１カ月で最大10円を超える上昇となったところで一幕を下ろしました。要するに、市場の意表を突く２度の金融緩和決定によって初日で３円超、約１カ月で10円超の円安を実現した形となりました。

　さすがにこうなると、世界の金融市場関係者が、「クロダは何をするかわからない」と一目置くところとなりました。米ウォール・ストリート・ジャーナル紙は、「サプライズ１」の直後、「これは、ＦＲＢ（連邦準備制度理事会）が金融危機後に採用した金融政策へ、日銀も転換したことを意味する」として、「日本のバーナンキ」と題する社説を掲載しました。

ただ、黒田総裁は「サプライズ緩和」決定前に、隠密裏にバーナンキFRB議長に面会していたとの話もあったので、これは単なるたとえではなかったのかもしれません。

円安に自ら終止符を打った

一般的に黒田サプライズの成功物語、いわば「黒田神話」は2回の「サプライズ緩和」で説明されることが多そうです。さらなる「黒田神話」について述べてみたいと思います。それまで円安仕掛人のように見られていた黒田総裁が、円安の幕引きに登場し、それに成功した話です。

12年12月の安倍政権誕生を境に、それまで70円台後半で推移していた米ドルは急上昇に向かいました。その代表的なきっかけとなったのが、2回のサプライズ「黒田緩和」でした。「黒田緩和」は、ともに約1カ月で10円以上の大幅な円安をもたらしました。考えてみて下さい。17～19年にかけて米ドル／円の年間最大値幅は3年連続で10円程度でした。1年でも10円程度の値幅にしかならなかったのが3年続いたことからすると、1カ月で10円以上の円安を2度ももたらした「黒田緩和」に、世界の金融市場がある種の警戒心あるいは敬意を抱いたとしても当然でしょう。

そんな中で、この黒田緩和に命名されたのが「黒田バズーカ（砲）」でした。相場に対して、「バズーカ砲」のような凄《すさ》まじいインパクトをもたらす政策決定といった意味だったのでしょう。2度の「黒田バズーカ」で勢いを得た米ドル高・円安は、15年にはいよいよ120円を超えるところとなりました。それは、あの「アベノミクス」登場前の12年12月まで、空前の規模の米ドル買い・円売り介入を行っても、80円以上にすら円安誘導が叶わなかったことからすると、隔世の感があります。

やがて米ドル高・円安は、120円どころか130円を超えていくのではないかといった見方すら出始めたのです。私も為替相場に何十年も関わる中で本音として感じますが、上がるともっと上がる、下がるともっと下がる、といった予想が噴き出します。

振り返ると、「アベノミクス円安」とされた相場が最終局面に差し掛かっていた15年前半も、そのような雰囲気、つまり円安はまだまだ続くといった見方が少なくありませんでした。しかし、それに終止符を打ったのが黒田総裁自身だったのです。

15年6月10日、黒田総裁のある発言をきっかけに米ドルは124円台から2円もの急落（円高）となり、まさに円安は「クロダに始まりクロダに終わった」形となったのです。

ょう。

「黒田神話」の光と影

「アベノミクス」だけで円安が実現したかどうかは、いろいろな意見も出そうですが、その政策が推進される中で、大幅な株高と円安が起こったことは「事実」でした。それに対する影響力を考えた場合、やはり「大胆な金融政策」を主導した黒田日銀総裁の存在は大きかったでしょう。

こんな話がありました。13年夏、まさに「黒田緩和パート1」を受けて株高・円安が加速していた当時、黒田総裁が新橋か銀座かで食事をして店を出たところ、「あーっ、黒田さんだ」と若い女性たちから歓声が上がったそうです。当時、株高・円安をもたらしたとされるアベノミクスの「真の主役」、黒田総裁は国民的スターのようになっていたんですね。

それは13年4月、「黒田バズーカ1」で世界の金融市場に衝撃的なデビューを果たした直後のことでした。これを含めて、黒田総裁の政策が、世界の金融市場に衝撃を与えたのは計3回だったのではないでしょうか。ただ2回目以降は1回目と比べて「会心」というほどではなく、黒田総裁の本心としては、複雑な気持ちがあったかもしれません。

世界の金融市場の度肝を抜いた「黒田サプライズ」の2回目は、14年10月31日の追加緩和でしょう。金融市場の意表を突いた日銀の追加緩和により、米ドル／円は「黒田バズーカ１」となるきっかけとなりました。ほぼ同じように、その日のうちに3円以上の円安、１カ月で10円以上の円安となりました。

「同じように」とするのは語弊があるかもしれません。そもそも13年4月の金融緩和は、黒田日銀総裁がデビューしたばかりで何をやるかはわかりませんでした。そのため逆に言うと「サプライズ」もやりやすかったかもしれません。マーケットも2度目は身構えるでしょうから、再び意表を突くのは難しくなっていたでしょう。

ちなみに、日銀の金融政策決定会合が開かれたこの日（14年10月31日）の米ドルは１０９円台前半で取引スタートとなりました。「いくらクロダでも今日は何もないだろう」とマーケットは予想し、いったん１０９円を割れそうになりました。

ところが、普通なら日本時間の昼過ぎに会合の結果が発表されるはずなのに、それがありません。そのあたりからマーケットも「ひょっとしたらまた黒田サプライズか⁉」と反応し、円安・株高が急ピッチで動き出しました。そして、本当に「黒田サプライズ２」になったことを見極めると、たちまち１０９円から１１２円を超えるまでの大幅な円安となったのです。

こんなふうに、黒田総裁は海千山千の人たちが集う金融マーケットを、１度ばかりか2度も「出し抜く」形となり、為替も株も大きく動かす結果となりました。さぞや本人もご満悦かと思うところですが、じつはそうでもなかったようなのです。

安倍総理に裏切られた

世界のマーケットに再び衝撃を与えた14年10月31日の日銀追加緩和、いわゆる「黒田バズーカ2」はどのようにしてその決断に至ったのか。これについて黒田総裁自身の説明では、原油価格の急落が主因ということでした。

NYの原油先物、WTI（ウエスト・テキサス・インターミディエイト）は、同年7月まで100ドル以上で推移していました。ところがその後急落し、10月末の日銀金融政策決定会合の前までには80ドル割れ寸前まで一段安となっていました。

黒田総裁の最大の政策目標は、デフレからの脱却、インフレ率2％の達成です。原油価格の急落はそのような政策目標達成に悪影響を及ぼすものですから、躊躇《ちゅうちょ》なく追加緩和を決めたというのが黒田総裁の説明でした。しかしそれはあくまで「表の理由」で、「裏の理由」もあるだろうと噂されていました。

「黒田バズーカ2」を決断した「裏の理由」、それは消費税再増税の念押しでしょう。

安倍政権はこの年の4月に8％まで引き上げた消費税を、さらに10％へ再引き上げする最終段階にありました。消費税引き上げは、財政健全化を至上命題とする財務省及び財務官僚たちにとって強いこだわりのあるものです。黒田総裁はその財務省OBでした。

「日銀総裁ながら、心のふるさとは財務省」。だからこそ、財務省の宿願ともいえる消費税再増税に対して、追加緩和を行うことで「総理、頼みますよ」と無言の念押しを行ったというのが、「裏の理由」というわけです。

しかし、そのような目論見が本当に黒田総裁にあったとしたら、それは見事、裏切られるような形となります。「黒田バズーカ2」の決定から約半月過ぎた11月18日、安倍総理は消費税再増税の延期を発表したのです。

客観的に見れば「増税をお願いします」と、追加緩和を「先出し」したのが失敗だったのかもしれません。そうではなくて、増税決定を見極めてから、「ありがとうございました」と「後出し」するのが、戦術的には賢いやり方だったと言えるでしょう。

それにしても、海千山千のマーケット参加者を2度も翻弄した黒田総裁は「真の目的（消費税再増税）」を果たせぬまま終わったのに対し、「黒田バズーカ2」をタダ取りした安倍総理のほうが、さらに一枚も二枚も上手の「したたかな人物」のように見えます。

振り返ると、この「黒田バズーカ2」の頃から、「黒田シナリオ」は微妙に狂い出したとも言えます。

「スイスフラン・ショック」

「サプライズ」をうまく活用して結果を出してきた黒田総裁ですが、ちょっと「嫌な気」がしたのが、15年1月に起こった「スイスフラン・ショック」でした。

「スイスフラン・ショック」について、フリー百科事典『ウィキペディア（Wikipedia）』では以下のように説明されています。

「スイスフラン・ショック＝15年1月15日、スイス国立銀行は11年9月から、1ユーロ＝1・2スイスフランに設定していた対ユーロ上限を撤廃し、為替介入を廃止することを突然発表した。これにより同日には一時1ユーロ＝0・8517フランの過去最高値を付け、ユーロに対して41％の上昇となった。このスイスフラン暴騰に連鎖して、世界の株式市場の下落や外国為替証拠金取引の混乱、両替商の倒産などの混乱が発生した」

これに対して、すぐに一言申したのがこの人でした。クリスティーヌ・ラガルド氏。当時はＩＭＦ（国際通貨基金）専務理事のポジションでしたが、これまでいろいろな立場で「女性初」の記録を作ってきた、まさに世界最強の女性です。06年には米経済誌「フォーブス」の「世界最強の女性30」に選出されています。

Ｇ８（主要8カ国）初の女性財務相（フランス）、女性初のＩＭＦトップの専務理事、さらに19年11月には女性初のＥＣＢ（欧州中央銀行）総裁といった具合ですから、見事なまでの華麗なる経歴です。

そんな最強の女性が、「スイスフラン・ショック」の直後にこんな発言を行いました。「ＳＮＢ（スイス国立銀行＝中央銀行）の行動は少し驚きだった」「ジョーダンＳＮＢ総裁が私に連絡しなかったことに驚いた」

私は聞いていなかったと言っても、政策とはそのようなものだとも思うのですが、これを1つのきっかけとして、「サプライズ自粛」の機運が浮上したのです。それをダメ押ししたのが、その年8月に起こった「チャイナ・ショック」でした。中国の「突然の」人民元切り下げが、世界的な株価暴落を招くきっかけになった出来事でした。

13年4月の「黒田バズーカ1」、14年10月の「黒田バズーカ2」は、別の言い方をすると「黒田サプライズ1、2」です。ところが、そのサプライズを「自粛せよ」という機運が起こってきたのです。さて、黒田さんはどうするのでしょうか？

最後の「黒田マジック」とは

私はそもそも黒田総裁自身、もっと円安にしたいといった考えはなかったのではないかと思っています。歴史的な円安大相場のクライマックスを演出した形となった14年10月の「黒田バズーカ2」も、円安・株高を目的としたというより、「消費税再増税をよろしく」というのが本音でした。それを安倍総理に軽くいなされたということで、結局、円安・株高はあだ花でしかないという思いもあったかもしれません。

15年に入ったところでは、むしろ黒田総裁の頭の中には、円安とは反対に、行き過ぎた円安への対応が必要となっていたのだと思われます。それが「黒田神話」の3回目でかつ最後の「黒田サプライズ」だったのではないでしょうか。

黒田総裁は15年6月10日、現在の円安水準は行き過ぎだと発言しました。日銀総裁が相場の水準に言及するのは異例のことです。というより円安仕掛人との見方が強かった黒田総裁の「円安行き過ぎ」との見解は意外（サプライズ）で、為替市場は一気に約2円もの米ドル急落となったのです。

黒田総裁の実際の発言は、「（実質実効為替レートについて）ここからさらに円安に振れるということは、普通に考えればありそうにない」というものでした。実効レートとは、米ドルやユーロに対する円の個別の評価ではなく、より多くの通貨を対象とした円の「総合力」といった意味です。

米ドルはこの発言の少し前に１２５円を記録していましたが、これをピークにして一気に円高に動き出すと、米ドル安・円高の展開となったのです。こうして歴史的円安の演出で主役を演じた男、黒田総裁はその幕引き役も果たした形となりました。

それにしてもなぜ、「円安仕掛人」との見方も多かった黒田総裁が円安幕引きに動くようになったのか。その「謎解き」を行ってみたいと思います。

アジア通貨危機の「戦犯」を回避

黒田総裁の発言が飛び出す数日前、有力経済紙、英エコノミスト（6月6日号）に「Signs of a slowdown（世界経済に減速の兆し）」と題する記事が掲載されました。そのメインテーマは、「円安が他国で問題を引き起こしている」というものでした。

記事によると、円安による第1の問題は、日本の輸出企業の競争力が高まった結果、ライバルの輸出国が不利になったこと、第2の問題は潜在的なデフレ効果、といった内容でした。

指摘されたようなことが、確かにこれまでも起きていました。1990年代半ばに史上初めて1ドル＝100円を割り込む「超円高」が起こります。その反動もあったのでしょう、「超円高」が反転し、98年には148円まで円安が進む過程で、97〜98年にアジア通貨危機が発生しました。これは大幅かつ急速な円安が、アジア諸国の経済に悪影響をもたらしたことが一因とされました。

こんなふうに急速な円安は、輸出競合先であるアジア諸国の経済を悪化させる要因となります。「アベノミクス円安」も、90年代半ば以降1米ドル＝75円まで達した「超超円高」反転に伴う大幅円安という側面があったわけですから、扱いを間違えると第2のアジア通貨危機を招き、日本が「戦犯視」されたかもしれません。

実際、第2のアジア通貨危機はともかく、中国株式相場、上海総合指数は2015年6月に天井を打ち、暴落に向かいました。一種の中国株バブル破裂といった様相が広がっていったのです。その中で、もしも円安が続いていたら、「日本政府は自分たちのことばかり考えて円安誘導を続け、中国株暴落を招いた」といった批判が上がっても不思議ではなかったかもしれません。

黒田総裁は元財務官僚です。財務省では国際部門のトップである財務官を3年にもわたって務めました。だからこそ、「円安弊害論」が国際的に拡大する前に円安幕引きに動いたのでしょう。それは見事に成功し、最後の「黒田マジック」となったのです。

為替相場は「たまにコントロールできる」

黒田総裁が、「円安終了予想」を行うと、本当に円安は終わりました。この発言は、偶然や失言などではなく、ある「目的」を持った意図的なものだった可能性があり、結果的には円安の幕引きに成功したことを説明しました。

そうだとすると、黒田総裁は思い通りに為替相場をコントロールできたということになります。日本銀行や財務省などの金融・通貨政策の当局者であれば、為替相場もコントロールできるものなのでしょうか。

それに対する答えは、「コントロールはできませんが、たまにできることもあるようです」ということです。それはどういうことでしょうか。

まず「コントロールできない」と、多くの人たちは思っているでしょう。為替市場がどんどん巨大化する中、国家が売買に参入（市場介入）しても、ほとんど思い通りにならないのが現実です。

たとえば2008年に「リーマン・ショック」という世界的な株暴落が起こりました。そのあと間もなく1米ドル＝100円割れとなった米ドル／円でしたが、さらに当時の円最高値（米ドル最安値）の80円に迫ると、10年9月15日、日本の通貨当局である財務省は円高を止めるべく米ドル買い・円売りの市場介入を実施しました。その金額は何と2兆1000億円です。

それでも円高は止まらず、やがて80円を割れて75円まで進みます。これに対して、11年11月4日まで断続的に実施された米ドル買い・円売り介入の総額は、何と何と16兆4000億円にも達したのです（以上、財務省ホームページを参照）。

こんなにも巨額の資金を投入しても円高を止められず、円安に戻すこともできなかったのですから、為替相場は誰もコントロールできないということが基本でしょう。

ただし、「為替相場をコントロールすることが、たまにできた」こともあったようなのです。いくつかの条件がそろう必要はあったのですが、いかにも財務省が思い通りに為替相場をコントロールしたような事例が、過去にいくつかありました。その代表例として2001年冬の例を説明しましょう。当時、財務省は非公式ながら、「円安は135円になりそうだ」と語り、実際にそうなったケースです。

続・為替相場は「たまにコントロールできる」

01年9月11日といえば、「セプテンバー・イレブン」、あの悲惨な米同時多発テロ事件が起こった日です。この頃、1ドル＝１２０円近辺で推移していた米ドル／円は、ＮＹマンハッタンの超高層ビルに航空機が衝突、徐々にドルの値が崩れていく報道映像を見ながら、米ドルを守るべく米国の通貨当局が米ドル買いの市場介入に出動。それを援護するべく、日本なども米ドル買いに参入し（これを協調介入と言います）、何とか１１５円で米ドルも下げ止まりました。そして米ドルは、11月頃に何とか１２０円台を回復するところまで戻ってきました。

そんな時、ある金融専門紙の記事が為替市場で注目を集めたのです。内容は、「財務省が円安は１３５円ぐらいまで進んでもおかしくないと言っている」というものでした。

前に書いたように、11年の円高局面では、16兆円以上の円売り介入に出動しても円高をなかなか止められませんでした。お金も使わず口先だけで本当に円安になるのであれば随分と楽なものですが、それが実際に、01年12月に１２５円を超え、02年になると１３０円さえも上回り、最終的に１３５円まで米ドル高・円安となったのです。財務省の為替予想は、見事「ホール・イン・ワン」のような結果となったのですから、「たまには為替相場のコントロールも可能なのか⁉」と言えるのではないでしょうか。
財務省が非公式とはいえ為替相場を予想し、いかにも口先で円安への誘導を行ったような動きとなったのは異例なことですが、そこには裏事情がありました。

この頃は、00年から始まったITバブル崩壊で、株安が続いている途中でした。そうした中、日銀は01年1月から政策金利を極限まで低下させる「ゼロ金利政策」と、債券などを購入し資金を供給する「量的緩和政策」に踏み切っていました。それでも景気の悪化と株安は止まらず、新たな対策として浮上したのが外国債券購入策でした。

日銀が国内の債券を購入して資金供給するだけでなく、新たに米国など外国の債券も購入対象とする。これは、外国為替市場で米ドルなど外貨買い・円売りが発生するため、円安へ誘導する一石二鳥の効果が期待できます。

ただ為替・通貨政策は財務省の専管事項です。日銀が大量に外国通貨を購入することは、その専管事項を侵されかねないとして、財務省は警戒していたようです。ではどうやったら外債購入策を阻止できるのか。先に円安（外貨高）になれば、割高な外貨購入は不合理になるだろう。そこで、01年冬に、財務省が異例の「口先介入」による円安誘導に動き、それを見事成功させたというわけです。このような「謎解き」からすると、「為替相場もたまにはコントロールできる」という結論になると思われます。

円は「下がり過ぎ」だった

約2年半で1ドル＝70円台後半から125円まで約50円もの大幅円安となった「アベノミクス円安」は、黒田総裁の予測通り、ついに終わりとなりました。

円安終了までピタリと当てた「黒田マジック」はさすがといった感じですが、それはじつは「魔法」でもなんでもなく、黒田総裁は普通に「客観的事実」を語ったに過ぎないとも言えそうです。

黒田総裁は、円の実効レートについて、「ここからさらに円安に振れるということは、普通に考えればありそうにない」と語ったわけですが、前にも述べたように「実効レート」とは円の「総合力」といった意味です。

そんな総合力（実効レート）を、過去5年の平均、5年MA（ムービング・アベレージ＝移動平均線）からの乖離率でみると、図表1のようになります。乖離率がプラス方向に拡大すると「上がり過ぎ」、マイナス方向に拡大すると「下がり過ぎ」。**黒田発言のあった15年6月頃は、1990年以降では円の総合力が最大の「下がり過ぎ」**になっていました。

今度は同じ方法を米ドル／円でも試してみましょう。図表2は、米ドル／円の5年MAから

【図表1】円実効レートの5年MAからの乖離率(1990〜2018年)

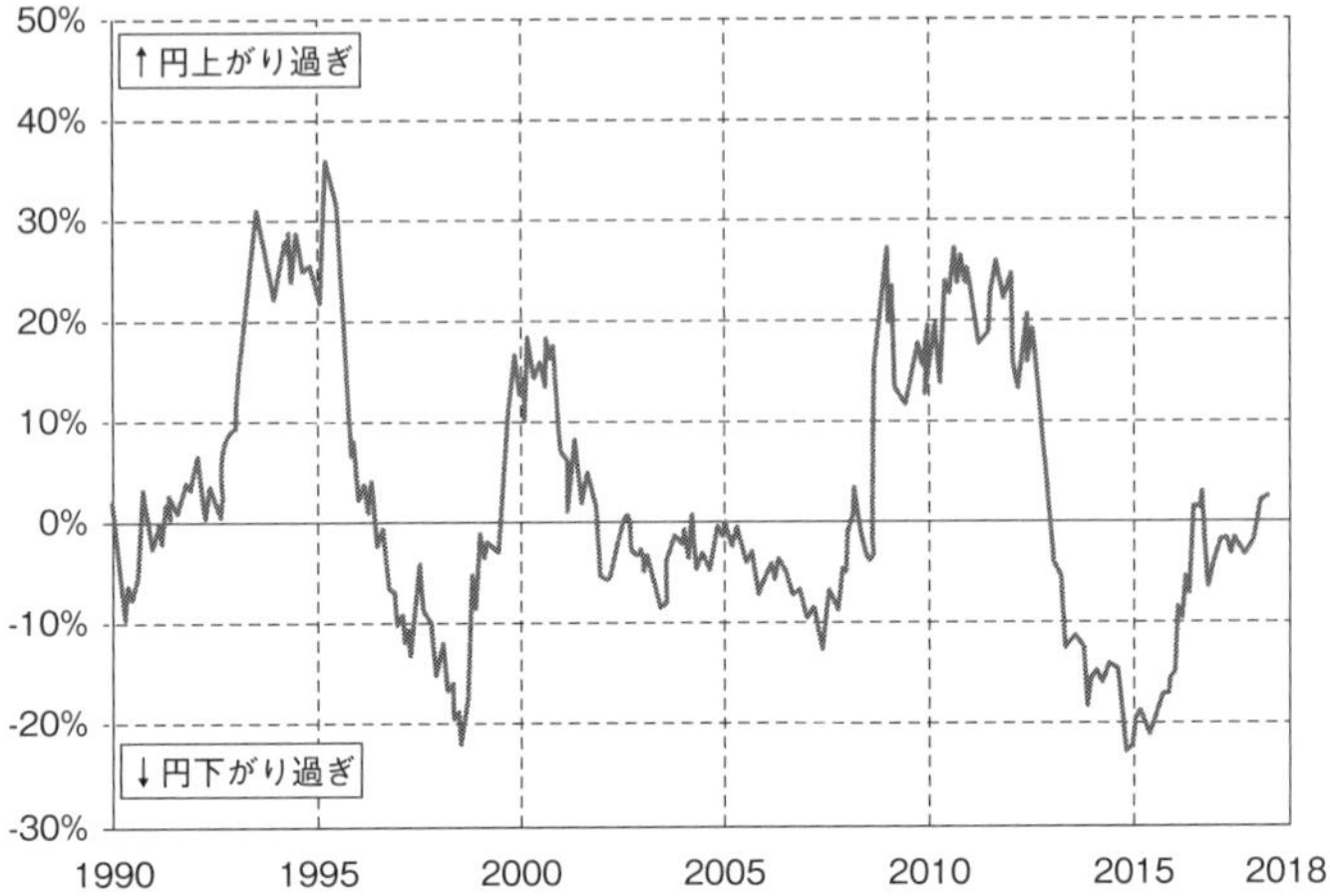

【図表2】米ドル/円の5年MAからの乖離率(1990〜2020年)

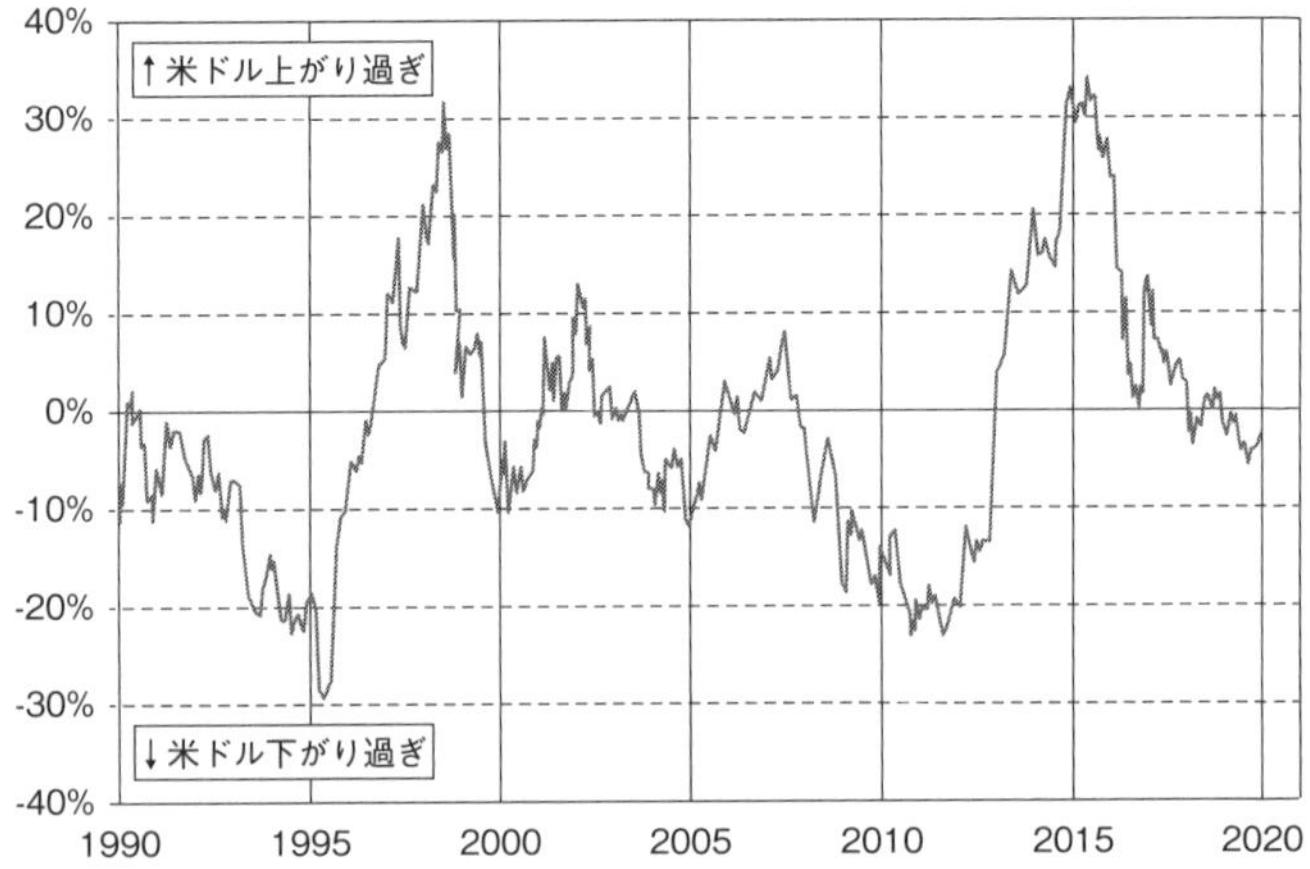

(いずれもリフィニティブ・データをもとにマネックス証券が作成)

の乖離率ですが、**やはり２０１５年６月頃は、１９９０年以降で米ドルが最も「上がり過ぎ」、逆にいえば円の「下がり過ぎ」**になっていました。

以上のように見ると、この**５年ＭＡからの乖離率では、円は総合力でみても対米ドルでみても、90年以降でこれ以上は下がったことがないところまで、すでに下がっていた**わけです。

その意味で、「ここからさらに円安に振れるということは、普通に考えればありそうにない」という発言は、とても素直に「客観的事実」を語ったものだったと言えるでしょう。「マジック」なんか使わなくても、すでに円安も経験的には限界圏に達していたので、黒田総裁という、これまで何度もマーケットを翻弄してきた影響力のある人物、「インフルエンサー」がそのことを確認すると、相場も素直に従ったということではないでしょうか。

それにしても円の実効レートでも米ドル／円でも、５年ＭＡとの関係でみると、15年6月当時は、１９９８年以来の「行き過ぎた円安」になっていました。米ドル／円の名目の水準は、98年の円安のピークが１４８円だったのに対し、２０１５年６月は１２５円といった具合でかなり違いましたが、５年ＭＡからの乖離率でみれば同じように「行き過ぎた円安」だったのです。

このように記録的に「行き過ぎた円安」が展開する中で、１９９７〜98年にかけてアジア通貨危機が起こりました。その意味では、２０１５年６月以降もさらに円安が続いたら、新たな国際金融危機を招いたとして批判を浴びる懸念はあったのかもしれません。

歴史に「ｉｆ（イフ）」はないですが、そうならなかったのは、黒田総裁が結果として円安幕引きに成功した「功績」ではないかと私は思うのです。

歴史的大相場はなぜ「予言通り」になったのか

これまで、2年半で約50円もの大幅な円安が進んだ「アベノミクス円安」についてみてきました。ただこの円安は、これだけの歴史的大相場でありながら、大げさな言い方をするなら「予言がほぼその通りになった」結果だったのです。そこで、「最後の謎」として、**なぜ歴史的大相場は、「ほぼ予言通り」の結果になったのか**というテーマをとりあげてみたいと思います。

「アベノミクス円安」のピークは、２０１５年6月の１２５円でした。アベノミクス円安が始まる前の12年11月、米ドルは80円を下回っており、短期間に記録的に大幅な円安となりました。

私は13年2月に『ＦＸドリームチームが教える為替の鉄則』（扶桑社）という本を共著で出版しました。その帯は「円安時代がやってくる！」でした。これでまずわかるのは、その後の円安大相場にもかかわらず、この時点ではまだ「円安時代」とはなっておらず、だからこそ、このタイトルには新鮮味があったということです。

本の80ページには、「8年サイクルから、**次の円安のピークは15年（2015年）**」という、日本屈指のチャーティストで私の「盟友」である宮田直彦氏（三菱UFJモルガン・スタンレー証券エクイティリサーチ部チーフテクニカルアナリスト）のコーナー・タイトルがありました。そして158ページには、**「円安は2015年120円になるのか」**といった私のコーナーのタイトルが書かれていました。

記録的な円安大相場となったアベノミクス円安のハイライトは、13年4月からの黒田総裁が主導した大胆な金融緩和だったとの理解が基本です。その意味では、「予想」は「黒田緩和」が実現する前のものでしたが、それが歴史的なアベノミクス円安として、ほぼその通りになったわけです。

ちなみに、私は13年4月に『「超円安」・「超株高」の本命シナリオ』（カンゼン）という本を出版しました。これは、前述の「黒田緩和」第1弾とほぼ同じタイミングだったのですが、その本の帯は「2016年まで円安・株高は続く」でした。

13年春には株高・円安もかなり進み始めていたため、私もさらなる過激な株高・円安予想になった感は否めません。

それはともかく、**アベノミクスの歴史的な株高・円安は、ほぼ事前に予想された結果だった**ということです。ではそれはなぜかという「最後の謎」について考えてみたいと思います。

予想はオーソドックスなアプローチでよい

この歴史的円安大相場はなぜ予想できたのか、それとも一種の「陰謀論」のように、じつはあらかじめシナリオが用意された結果だったということでしょうか。

最初に確認しますが、「2015年までに120円を超える円安に誘導する。そして大幅な株高を実現し、安倍長期政権を確実にする」といったシナリオがあったので、結果としてそうなったのだ、といった「陰謀論」の類いについては、（もし存在していても）私は知りません。**私が「15年120円超」の円安を予想したのは、すこぶるオーソドックスな円安予想の考え方によるもの**でした。

たとえば、なぜ「2015年」だったか。1980年代後半以降の4回の円安トレンドの継続期間は、平均2年4カ月、最長は3年4カ月でした。これを参考にすると、11年10月から始まったこの**円安トレンドが平均以上に長く続くと予想した場合、14～15年まで続くといった見通しになりました**。

次に「120円超」の考え方です。上述の4回の円安トレンドでは、基本的に日米の生産者物価基準の購買力平価前後まで米ドル高・円安が進んでいました。これまでは、この購買力平価を上ブレする場合は1～3割程度でした。

当時の購買力平価は95円程度だったので、それを1～3割上回ると105～125円程度まで米ドル高・円安が進むといった計算になったわけです。そして、徐々に上ブレ率が大きくなっていたことを参考にしたら、**購買力平価を3割以上も上回り、125円を目指す可能性があるといった見通しになった**わけです。

結果として、この米ドル高・円安トレンドは、11年10月の75円から15年6月の125円まで3年8カ月続き、その間の米ドル/円の最大上昇率は6割超に達しました。**円安の継続期間としては、1980年代後半以降の最長記録を更新し、米ドルの上昇率も2番目に大きなものとなりました**。まさに記録的な円安大相場となったわけです。

逆にいえば、「記録的な円安になる」といった予想があれば、過去の平均的な円安トレンドは実績を調べることでわかるわけですから、「平均以上の円安トレンド」の具体的なシナリオは計算が十分可能だったということです。

私が言いたいのは、**「陰謀論」を知らなくても、インサイダー情報がなくても、FXにおける歴史的な大相場はオーソドックスなアプローチだけで予想は可能**だったということです。

アベノミクス後の悲劇は来るか

ここでは15年6月に円安が終わった後の、「悲劇」を書いてみたいと思います。

15年6月に、円安（米ドル高）が125円で終了したほぼ同じ頃、向かうところ敵なしのようだった中国・上海株の上昇も天井を打ちました。その後は一転して暴落に向かったのです。そんな株暴落、景気悪化への対策の1つとして、この年の8月11日、中国は突然、人民元の切り下げに動きました。それから少しして、8月24日にはNYダウが一時1000ドルもの暴落となるなど、世界的な株暴落、「チャイナ・ショック」となりました。

この背後には14年後半から始まった原油価格の暴落、それを受けて、シェール原油由来の「世界一の産油国」である米国の景気悪化と株安で、リスクオフ（回避）が広がりやすくなっていたことがあったのでしょう。

日本においても追加の景気対策への期待が再浮上しましたが、巨額の財政赤字を抱える日本においてできることは限られます。となると、どうしても黒田総裁に対する期待が出てしまいます。果たして**「黒田バズーカ第3弾」**はあるのかどうか――。

それに対して**黒田総裁が出した回答が、16年1月29日、日本史上初のマイナス金利政策の採**

用でした。黒田総裁らしい「サプライズ」として、この日118円台後半で取引の始まった米ドル／円相場は、一時121円後半まで上昇（円安）となりました。「黒田サプライズの初日は3円の円安」という反応は、過去2回の「黒田バズーカ」とほぼ同じだったのです。

しかし**「黒田サプライズ」で初日に3円、1カ月で10円以上の大幅な円安、そして大幅な株高が起こるといった「黒田マジック」のパフォーマンスは、今回は初日まででした。翌営業日から下落（円高）に転じた米ドルは、その後の約10日間で、これまでとは逆に10円以上の円高に向かった**のです。

それは、多くの人たちが薄々と感じていた「アベノミクスの円安・株高も永遠に続くわけではなく、そして『黒田マジック』も万能ではなく、限界がある」ということを再確認しただけだったかもしれません。その意味では「悲劇」というほどのことではないでしょう。

むしろ大喝采を浴びた「黒田マジック」に代表される「アベノミクス」は、基本的にリフレ政策であり、その副作用を警戒する声は常にあったのです。それはまだ現実になっていませんが、**いずれ現実になるとすれば、その時こそが本当の「悲劇」となるかもしれません。**

「アベノミクス円安」の振り返り

約2年半で約50円もの大幅な円安が進んだ「アベノミクス円安」は、2度の「黒田バズーカ」に代表されるように、史上最大の「政策相場」の1つだった。13年4月の「黒田バズーカ第1弾」、14年10月の「黒田バズーカ第2弾」とも、金融マーケットの度肝を抜く「サプライズ」によって、大幅な円安、株高のきっかけとなった。

しかし「バズーカ第2弾」を受けて円安が120円を超えていくと、それは「行き過ぎ」であり、諸外国の経済に「弊害」となりかねない懸念も出始めた。

このため黒田総裁は円安幕引きに動き、結果としてそれに成功した。最後の「黒田マジック」の功績は、「第2のアジア通貨危機」を未然に回避したことだった。

第3章

番外編（その1）
ユーロを守った男

もう1人の「マジシャン」

ここまで「トランプ・ラリー」（2016年）、「アベノミクス円安」（12～15年）と2つの代表的なFX大相場について書いてきました。

日本で「アベノミクス」の主役となった「黒田マジック」が注目される前に、「マジック」の使い手の代表的な存在とされ、金融マーケットから強くリスペクトされた人物がいました。ECB（欧州中央銀行）第3代総裁、マリオ・ドラギ氏がその人です。

「黒田マジック」に対して「ドラギ・マジック」と称されたことで、何となく黒田総裁のライバルのようにも位置付けられるドラギ総裁ですが、このドラギ総裁が、「ドラギ・マジック」により、どのようにユーロを守ることに成功したか、これから述べてみたいと思います。

「ユーロを守るためなら何でもする。私を信じてほしい（Believe me）」

これこそ、「ドラギ・マジック」を代表する台詞《せりふ》でしょう。この台詞通りにECBのドラギ総裁は、欧州債務危機（ユーロ危機）で下落に歯止めがかからなくなってきたユーロを反転させることに成功し、世界中のマーケットから、リスペクトされる存在となったのでした。

「アベノミクス円安」が始まったのは12年11月頃からです。それまで数年間にわたって為替市場のメイン・テーマの1つとなっていたのが欧州債務危機でした。これからお話しするのは、それを「解決した男」、ドラギ総裁が主役を演じたユーロの大相場についてです。

最初に言っておきますが、**今だからこそ、欧州債務危機はドラギ総裁の活躍などにより解決されたといえます。しかし、当時は最後の最後まで、債務危機の解決は極めて困難であり、ドラギ総裁では無理だろうと思われていた**のです。そんな危機を解決したからこそ、「ドラギ・マジック」と評されたことも決して大袈裟ではなかったでしょう。

欧州債務危機は09年10月のギリシャの政権交代を受けて、同国の財政赤字がそれまで公表されていた数字よりもはるかに大きいことが判明し、国家の「粉飾決算」が明らかになったことが発端でした。当初はギリシャ危機のみでしたが、その後、アイルランドやポルトガル、スペイン、イタリアなどにも波及し、「欧州ソブリン危機」や「ユーロ危機」とも呼ばれていくところとなりました。

マーケットでは、当時、債務問題の中心となったポルトガル、アイルランド、イタリア、ギリシャ、スペインの頭文字から「PIIGS」という言葉も注目を集めました（「ブタども」みたいな蔑称の意味も込められていたのでしょう）。

欧州の統一通貨ユーロはどのように動いたかといえば、09年から12年にかけて1ユーロ＝1・2ドルから1・5ドルの間を往来した形になりました。米ドル／円の感覚でいうと、1ドル＝120～150円のレンジで行ったり来たりしたといった感じです。

欧州債務危機と言いながら、決してユーロがずっと下落したということではなかったのですが、変動幅はかなり大きく、債務問題がクライマックスに向かった12年はまさに「ユーロ危機」の様相を呈したのです。

そんな崩壊寸前のユーロを守ったのがドラギ総裁でした。

「ユーロを守るためなら何でもする。私を信じてほしい」

この発言があったのは12年7月26日。その前日までに1・20ドル割れ寸前まで下落していたユーロは、この日に1・23ドルまで急反発しました。結果的には、このドラギ発言を境にユーロは1・20ドルを割れずに底を打ち、反発に向かっていくところとなったのです。

「本当に彼で大丈夫なのか」

マリオ・ドラギ氏は11年11月1日、ジャン・クロード・トリシェ総裁の後任として第3代ECB総裁に就任しました。当初は「欧州ソブリン危機」が深刻化し、ユーロ崩壊すら囁《ささや》かれる状況でしたが、そこで「私を信じてほしい」と訴え、大規模な量的金融緩和政策を推進、ユーロ相場は反発に転じました。これはまさにドラギ総裁の前半期についての一般的な説明といえるでしょう。

ここで少し立ち止まって、考えてみましょう。最初のキーワードは、「ポスト・トリシェ」です。ドラギ氏は、フランス出身のトリシェ総裁の後任として就任しました。しかし、**ECB総裁といったポストは、いくつかの点でとてもとてもやりにくい、「難しいポスト」でした。**

というのも、当時のECBといえば、10カ国以上の国々の金融政策の司令塔といった役割だったので、政治的な駆け引きも相当に強かったのです。それを象徴したのが、ECB初代総裁の選出方法でした。

ECB初代総裁はEUの大国であるフランスやドイツではなく、オランダから選出されました。しかも8年任期であるところを、「4年でフランス出身の総裁に交代する」ことが「密約」されていました。

こんなふうに書いても、ECBといった組織の難しさがうかがえます。俗な言い方をすると、「ECBのトップは、誰が考えてもフランス人でしょ」「いやいやドイツ人でしょ」と意見が対立する中で、「仕方ないから、最初は（欧州の2大国である）フランスでもドイツでもないところから選出して、短期間だけECB総裁をやってもらい、後で交代しましょう」と妥協が図られた感じだったようです。

ECBの初代総裁には、オランダ出身のウィム・ドイセンベルク氏が就任しました。しかし、とても求心力を得ることはできませんでした。

そして「予定通り」任期途中の交代によって、新たにトップのセントラルバンカーとなったのが「エース中のエース」、フランスのトリシェ氏だったのです。

ただ、ここでの話はトリシェ氏の成功物語ではなく、トリシェ後のユーロ危機を凌《しの》いだドラギ氏のストーリーになります。**ドラギ氏は、当初は「ミスター・ユーロ」のトリシェ氏より格下とみられ、さらに彼の出身国がイタリアだったために、「本当に大丈夫なのか」と受け止められていた**のです。

「不適格者」がユーロを守った

ドラギ氏のＥＣＢ総裁就任は、**決して皆がもろ手をあげて歓迎するといった状況ではありませんでした**。理由は当時、ＥＣＢが直面していた欧州債務危機の主役となっていたのが、イタリアだったからです。

これまでも述べたように、債務問題の始まりは09年のギリシャ危機でした。ところが11年11月頃になると、ギリシャ以外にも波及し、中でも欧州の大国の１つ、イタリアが注目されるようになっていました。

　このときにイタリアの10年債利回りは、ついに7％を突破しました。考えてみてください。日本の10年債利回りが7％あったら、うれしいですか？

「そりゃうれしいですよ、国債なんて金利がないものだと思っていたから」といった声も上がるかもしれません。しかし基本的には債券の場合、利回りの逆数が価格です。だから、利回り（金利）の上昇は、価格の下落という意味になります。イタリア国債の利回りが急騰していたのは、国債価格が暴落していたという意味になります。

　ギリシャは「ギリシャ文明」という言葉もあるくらい広く知られた国です。ただ現代においては、ギリシャは欧州の（相対的な）小国、それに対してイタリアはまだまだ大国の1つで、G7（先進7カ国）でもスターティング・メンバーは日本、米国、カナダ、ドイツ、フランス、英国、そしてイタリアです。さらに世界的なスポーツ大国であり、サッカーだけなら世界の「超大国」でしょう。

　その国の国債利回りが7％以上で継続的に推移するなら、それは「財政破綻を意味する」と捉えるのが、当時の専門家の見方でした。財政破綻とは国が借金の返済ができなくなる、つまり「デフォルト（債務不履行）」になってしまうということです。

　ギリシャから始まった欧州債務危機は、ついにイタリアに財政破綻をもたらすことになってしまうのか。まさにそうした中で、もしＥＣＢ総裁にイタリア出身者が就任したら、「母国・

イタリアを救済するために、過剰な便宜を払うのではないか」と思われたとしても不思議ではありません。

極論するなら、**「ドラギ氏以外なら誰でもいいが、ドラギ氏だけはダメ」という状況下で「ECB・ドラギ丸」は船出をし、欧州債務危機の解決に関わるところとなった**のです。

絶望感をひっくり返した「ドラギ・マジック」

欧州債務危機は12年になると、イタリアからさらにスペインに拡大しました（変な話ですが、この頃は「サッカーの強い国」が欧州債務危機に陥っていたんですね）。イタリアの10年債利回りの上昇は7％超で一服したものの、今度はスペインの10年債利回りが7％を超える（債券価格は下落）といった具合で、「欧州の債務問題はギリシャだけのことではない。欧州全体の問題となればユーロなんてとても買えない」という状況になっていました。

それにしても、ギリシャは実質的に「国家の粉飾決算」ですから弁解の余地はありませんが、それが他の欧州諸国に拡大したのはなぜでしょうか？

それには08年の「リーマン・ショック」で、世界経済が急減速した影響があったのでしょう。

特に**欧州では、金融政策こそECBで統一されたものの、財政政策はそれぞれの国が引き続き**

主管するといった中途半端なシステムだったため、世界的な景気の悪化による矛盾が、最も露呈しやすかったと言えます。

欧州債務危機は欧州の中途半端な経済政策という「構造問題」が一因だったのであれば、「一時凌ぎはともかく、抜本的な解決は難しい」――。そんな**「絶望感」が世界的に広がる中で、12年7月26日、ドラギ総裁の記者会見は始まりました。**

ちなみに「絶望とは愚者の結論なり」という言葉をご存知でしょうか？ 19世紀の英国の政治家で小説家のベンジャミン・ディズレーリ（1804～81年）の発言だといわれています。**「絶望するのは愚者だけである。賢い者は決して絶望したりせず、希望を見つけ出す」**。これは、私がこれまでの人生で出会った中で、最も好きな言葉の1つです。2011年3月に発生した東日本大震災、そして20年には新型コロナウイルスの世界的な大流行（パンデミック）に襲われ、パニックとなっている中で改めてかみしめている言葉です。

ドラギ氏がやったことも、まさにその言葉の実践でした。

ECB総裁に就任した11年11月に1・4ドル程度だったユーロは、この記者会見の日には1・2ドル割れ寸前まで下落していました。すでに債務危機の主役はイタリアからスペインに移っていて、スペインの長期国債、10年債利回りは7％以上に上昇していました。その状況が続くなら、スペインもデフォルトに追い込まれてしまう。そこでドラギ総裁が発したのが、「ユーロを守るためなら何でもする。私を信じてほしい」という言葉でした。

さらに、**スペインのように債務懸念から暴落している国の国債を、（条件付きながら）ＥＣＢが実質的に無制限で購入する政策（ＯＭＴ＝国債買い入れプログラム）が決定されました。**

ドラギ発言と、ＥＣＢの政策決定を受けて、ユーロ相場は１・２ドル割れを回避すると、反発に急転換しました。まさにそれは、欧州債務危機が解決に向かうことと連動した動きでした。

重要なことは、ＥＣＢが「問題あり」としたスペインやイタリアの国債を無制限で購入したことによって、国債価格が反発に転じたということではなく、ＥＣＢが買わなくても、問題国の国債価格は反発に転じ、欧州債務危機は収束に向かったという点です。

繰り返しますが、欧州債務危機において、イタリアやスペインなどの問題とされた国債が上昇（利回り低下）に転じたのは、ＥＣＢが無制限に買ったからではなく、買わないのに「買う」と言ったら、価格が反発に転じたことが重要なのです。それこそまさに「ドラギ・マジック」でしょう。なぜそうなったのか、次節で謎解きします。

悲観の極みの中での発言

10年国債利回りが一時7％以上に上昇したイタリアでは、ドラギ氏がＥＣＢ総裁に就任すると間もなくピークアウトし、一時は５％割れまで低下しましたが、12年７月には再び７％突破を目指して上昇してきました。

しかし、７月26日のドラギ発言（「ユーロを守るためなら何でもする」）で国債利回りの上昇に歯止めがかかると、その後は低下傾向となり、約２年後にはついに２％割れとなったのでした。結果的に**ドラギ発言が行われたタイミングは、欧州債務危機の「悲観の極み」の時だった**わけです。

ドラギ発言の後、ＥＣＢが決定した欧州債務危機対策の柱は、ＯＭＴという政策でした。これは、どこかの国がＥＣＢにその国の国債購入を要請する場合、厳しい財政再建計画などを決めて、それをＥＣＢが承認することを前提に、実質的な国債の無制限購入を行うといった内容です。

ただし、ＥＣＢが承認するような厳しい財政再建計画となると、国民に多大な痛みを求める可能性があり、それが果たしてできるのかどうか疑問が残ります。またＥＣＢ側でみると、甘い基準で問題国の国債を大量に購入することはＥＣＢの信任を損ないかねず、金融市場の秩序崩壊を招きかねない重大な懸念があるため、実行は決して簡単ではなさそうでした。

しかしそれを実行しないうちに、イタリアなどの国債利回りは低下に向かい、ユーロ相場も反発するところとなりました。要するに、**欧州債務危機は、対策は決めたものの、それを使わ**

ないうちに収束に向かったのです。それはなぜだったのか。

振り返ってみると、08年の「リーマン・ショック」に前後して広がった**世界経済の「100年に1度の危機」も一段落し、12年頃からは景気回復が顕著になってきました**。

世界経済が上向く中で、日本ではアベノミクス相場となり、原油需要の拡大による原油価格も100ドルを突破しました。それは欧州債務問題の改善にも一役買った形となったでしょう。景気がよくなると税収も増え、財政は改善します。

景気も金融市場も上がったり下がったり、要するに循環するものです。この「循環的変化」の対義語が「構造的変化」であり、それは人口動態のように何十年といった長期、超長期で起こる変化です。従って、**数カ月から数年といった短中期の金融市場の変化は、基本的にはすべて「循環的変化」**です。

ただ「循環的変化」ではなかなか説明できないような動きとなると、それを「構造的変化」によるものだといった議論が出てくることがよくあります。ですが、それはちょっと違います。**「循環的変化」でなかなか説明できない動きは、単に「行き過ぎ」だった**ということがこれまでは多かったようです。

禅問答みたいでわかりにくいかもしれませんが、欧州債務危機の最終局面もそのような感じだったのでしょう。「冷静に考えると、ギリシャとイタリアが同じような扱いになるのは変だ」

とか、「普通に考えたら大国イタリアまでも財政破綻しかねないというのはちょっと騒ぎ過ぎだった」と。

楽観論の行き過ぎは「バブル」、逆に悲観論の行き過ぎは「逆バブル」。**欧州債務危機の最終局面はまさに一種の「逆バブル」の様相となっていました。そんな中だったからこそ、ドラギ発言は転換へのきっかけになった**のではないでしょうか。

以上が、「ドラギ・マジック」の、私が考える「真実」です。「なるほど、そうだったのか」「FXって面白い」と感じてもらえたでしょうか。

さて、ドラギ発言をきっかけに1ユーロ＝1・2ドル割れを回避、反発に転じたユーロ相場は、14年には1・4ドルまで上昇しました。しかしそんなユーロ高に歯止めをかけ、ユーロ安へ反転するきっかけとなったのも、再びドラギ総裁でした。

ＥＣＢは14年6月に、先進国としては異例のマイナス金利政策を決定したのです。これ以降、ユーロ相場は下落に向かい、15年にはついに1・2ドルも割り込んでいったのです。こんなふうに説明すると、まさに「ユーロ高もユーロ安もドラギがすべてを決めた」という感じになります。

ところでこんな人、前にも1人いましたね。アベノミクス相場の主役、黒田日銀総裁も「円安も円高もクロダがすべて決めた」感じの頃がありました。**「ドラギ・マジック」と「黒田マジック」といった具合で、2人はこの時代を代表する「通貨マフィア」、金融市場への「インフルエンサー」として比較されることが少なくありません。**

ただ、第2の「ドラギ・マジック」ともいえそうなマイナス金利政策の決定では、ユーロ高に歯止めをかけた点でドラギ総裁は基本的に「成功」とされるのに対し、黒田総裁は16年1月にマイナス金利を決定したものの、直後に円高の洗礼を浴び、基本的に「失敗」とされました。両者は明暗を大きく分ける形となったのです。

「ドラギ・マジック」の振り返り

ドラギ氏が第3代目のECB総裁に就任した11年11月当時、ギリシャから始まった債務危機はイタリアなど欧州の大国にも拡大。同国出身のドラギ氏の総裁就任に対しては「母国を救済するために、過剰な便宜を払うのではないか」と否定的な見方も強かった。

12年に入ると欧州債務危機はいよいよ深刻化したが、欧州の制度的弊害に伴う構造問題だけに、「早期の解決は難しい」といった悲観論が急速に拡大した。これに対して、ドラギ総裁は「ユーロを守るためなら何でもする」と発言。ＥＣＢによる実質的な国債市場への無制限介入策が決定された。これを機にイタリアやスペインなどの国債利回りは低下に急転換し、ユーロ相場も底を打って反発へ転換。欧州債務危機は収束へ向かうところとなった。

この頃、世界経済は「リーマン・ショック」から脱し、顕著な回復に向かい始めており、欧州債務危機はむしろ行き過ぎた悲観論、「逆バブル」の様相に変わりつつあった。この中でのドラギ総裁の強い言葉と、断固たる政策姿勢は、「逆バブル」破裂のきっかけとなり、債務危機解決に向かう上で重要な役割を果たすこととなった。

第4章

リーマン・ショックの真実

最悪の日となった10・24

「リーマン・ショック」とは、２００８年9月15日に、米国の大手投資銀行だったリーマン・ブラザーズが突然破綻したことをきっかけに起こった金融市場の大混乱のことです。重要な点は、この**リーマン破綻から、すぐに金融市場の大混乱が始まったわけではなかった**ということです。

たとえば、「FX大相場」の観点から米ドル／円の値動きを見ると、リーマンの突然の破綻後も、しばらく1ドル＝１０５円前後での一進一退が続きました。大きく動き出したのは、じつはリーマン破綻から約半月過ぎた10月に入ってからのことでした。そしてやがて、あの**「最悪の日」**、**10月24日**がやってきたのです。

この日、**１米ドル＝97円程度で取引の始まった米ドルは、ずるずると下がると、一気に90円割れに迫りました**。引けにかけては94円台まで戻したものの、最大下落幅は7円以上となったのです。最大下落率も何と7％以上でした。

たとえば、最近の米ドルの暴落の1つに「アップル・ショック」がありました。米IT企業大手、アップルの株が暴落したことを受けて、19年1月3日の米ドルは1米ドル＝１０８円台から、ほんの数十分の間に104円台まで暴落しました。

この日は箱根駅伝の往路の日でした。私もテレビ観戦するために起きて、8時過ぎに為替レートを見たとき、何が起こっているのかわからずビックリしたことをよく覚えています。

ただこの「アップル・ショック」でも、米ドルの最大下落幅は4円強、最大下落率は4％程度だったのですから、リーマン・ショック「最悪の日」の下落がいかに凄《すご》かったかがわかるでしょう。

もう少し他の米ドル／円暴落例を見てみましょう。第1章の「トランプ・ラリー編」でとりあげた16年6月24日の「Brexitショック」での米ドルは、最大7円以上、最大下落率も7％以上だったので、じつはリーマン・ショック「最悪の日」並みの下落でした。

15年8月24日の「チャイナ・ショック」は最大下落幅が6円、最大下落率は5％弱でした。「チャイナ・ショック」は8月24日、「Brexitショック」は6月24日、そしてリーマン・ショック「最悪の日」は10月24日。暴落日は24日に多かったんですね。これも、「トランプ・ラリー編」、第2章の「アベノミクス編」で紹介した、論理的には説明できないが繰り返されるパターン、「アノマリー」の1つといえるかもしれません。

それはともかく、米ドルの下落だけでいえば、リーマン・ショック「最悪の日」のそれは確かに凄かったけれど、「Brexitショック」も同じくらい凄かったのか、と思った人もいるかもしれません。

それはその通りなのですが、**リーマン・ショックが「最悪の日」だったのは、むしろ米ドル／円よりもほかの通貨のこと**だったのです。米ドル以外の外貨と円の取引をクロス円といいますが、そんなクロス円の中には米ドル／円以上の大暴落となった相場が続出しました。その代表的な存在が豪ドル／円でした。

この日、1豪ドル＝65円程度で取引の始まった豪ドルは、一気に54円台へ暴落、最大下落幅は10円を大きく上回り、1日の最大下落率もなんと16％以上に達しました。この頃の豪ドルは比較的金利が高いことも魅力となり、ＦＸでも人気通貨の1つとなっていました。そんな人気通貨の大暴落こそ、まさにリーマン・ショック「最悪の日」の所以《ゆえん》だったでしょう。

劇的な円高が広がった

これまで代表的なＦＸ大相場として取り上げてきた「トランプ・ラリー」そして「アベノミクス円安」は、基本的には株高、リスクオン（リスク資産を選好する）相場で、その中心は円安でした。これに対して「リーマン・ショック」は、歴史的な株安、リスクオフ（リスク資産が売られる）相場となり、そこでは円高が劇的に進むところとなりました。

それにしても、なぜリスクオンなら円安、リスクオフなら円高といったことになるのでしょうか。これはよく議論のテーマに上がるものですが、統一的な答えはありません。

「リスクオフの円高」は、今回のテーマである「リーマン・ショック」前後の歴史的なリスクオフ局面では、まさにその通りになったのですが、じつは2000年代前半に展開したITバブル崩壊（破裂）局面では「リスクオフの円安」となりました（なぜそうなったかについては、第6章「ITバブル崩壊編」で披露します）。

そして、2020年に起きた「新型コロナ・パニック」では、流動性危機への懸念から、基軸通貨米ドル確保の動きが急拡大し、米ドル全面高で「リスクオフでの円安」となったのです。

話が横道にそれてしまいましたが、このシリーズで初めてとりあげるリスクオフ、その代表例である**「リーマン・ショック」では、劇的な円高が広がりました。別の言い方をすると、米ドル安ではなかった**ということです。

たとえば、リーマン・ショック「最悪の日」となった08年10月24日前後、具体的には9月から10月末にかけて、米ドル／円は1ドル＝110円程度から90円割れ近くまで急落し、米ドル安・円高となりました。ただその一方、ユーロ／米ドルは1ユーロ＝1・5ドル手前から1・2ドル割れ近くまで急落、それはユーロ安・米ドル高だったのです。

同じように急落したけれど、米ドル／円では米ドル安、一方、ユーロ／米ドルでみると米ドル高だったというわけです。このあたりは、慣れていないと「FXは難しい」と思うかもしれませんが、すぐに慣れてきます。

理解してもらいたいのは、このリーマン・ショック「最悪の日」前後の米ドルは、対円では下落（米ドル安）でしたが、対ユーロでは上昇（米ドル高）といった具合で、正反対の動きになったということです。ということは、円、米ドル、ユーロといった世界3大通貨のこの時の強弱関係は、円>米ドル>ユーロという構図でした。

これでわかるのは、**歴史的なリスクオフだった「リーマン・ショック」では、円が最も選好され、そして次に米ドルも選好された**ということです。ということは、米ドル／円では円高（米ドル安）になったわけですが、米ドル以外の外貨との取引であるクロス円では、さらに円高が大きく反応しやすかったということです。それがもっともわかりやすい結果となったのが、豪ドル／円の大暴落でした。

FX規制の強化

これまで「リーマン・ショック」が世界的に展開する中で、為替相場でも記録的な大変動が起こったことを紹介しましたが、これこそ、その後のFX規制強化のきっかけになりました。

「ＦＸは１９９８年の外為法改正を受けて始まった」というのは、一般的に説明されているものですが、より細かく言えば、ＦＸのビジネスとしての本格的スタートは98年10月でした（金融機関が本格的にＦＸの販売をスタートした）。その**時こそ、なんと「ＦＸ史上最悪の相場」が起こったタイミングだった**のです。

98年10月6〜8日にかけて、米ドルはたった３日間で１米ドル＝１３５円程度から１１０円割れ寸前まで、25円程度もの暴落となりました。同月の米ドルの変動率（〈高値－安値〉／終値）は21％にも達しました。米ドルの月間変動率が２ケタとなったのは、それ以後ずっとありませんでした。

それからちょうど10年後、**米ドルの月間変動率が２ケタを記録したのが「リーマン・ショック」でした**。この時の米ドル変動率は、98年10月のそれには及ばなかったとはいえ、それでも15％となり、「ＦＸ誕生月」以来の大変動となったのです。

これはＦＸにとっては、とても重要でした。ＦＸはスタート直後を除くと、その後は小幅な変動が続いてきました。基本的には値動きが大きくならないと、大きな利益の獲得も難しいことになります。

たとえば１米ドル＝１００円で買った米ドルが２００円まで上がったら、どこで売る（利益確定する）かはともかく、大きな利益を稼げる機会があります。しかし、１米ドル＝１００円で買った米ドルが、110円までしか上がらなかったら、どこで売る（利益確定する）としても、利益は限られたものにしかなりません。

このように見ると、利益（リターン）の大前提となるのは、値幅（ボラティリティー）です。1米ドル＝100円の米ドルが200円まで上がるか、それとも110円までしか上がらないか。その上で、後者の場合でも利益を大きくするためには、基本的には投資金額を大きくする必要があります。

FXの最大の特徴は、レバレッジ（テコの原理）、つまり投資金額（証拠金）の何倍かの取引ができることだとされますが、その本質的な意味は、為替相場は他の相場と比べて基本的に値動きが小さいため、大きな利益（ハイリターン）を追求しにくい。よって大きな利益を狙うなら、レバレッジを活用して投資金額を拡大する方法を選択する、ということになります。

よく「FXはハイリスクだ」といわれますが、はっきり否定しておきます。為替相場は、これまで述べてきたように「小動き」です。そのまま投資（レバレッジ1倍）しても、基本的に利益（リターン）は限られるので、利益拡大（ハイリターン）を目指すなら、レバレッジの活用で投資金額を拡大する必要が出てきます。

FXがハイリスクなのではなく、FXでハイリターンを目指すなら、レバレッジを高くすることでハイリスク・スタイルにする必要があるということが、正しい理解だと思います。

「ＦＸ誕生月」を除くと、為替相場は小動きがずっと続きましたが、それが変わったのが「リーマン・ショック」でした。**為替相場も思ったより動くことがある、となると、小動きを前提としてきたレバレッジの考え方はそのままにしておくわけにはいかないでしょう。だから、ＦＸのレバレッジ上限設定といった規制強化が必要になった**のです。

続・ＦＸ規制の強化

ＦＸのレバレッジは、上限が２０１０年に50倍、そして11年には25倍といった具合に段階的に引き下げられました。では、それ以前はどうだったかというと、**１００倍以上のレバレッジで取引するケースもありました**。

レバレッジ１００倍で取引するというのはどんな感じなのでしょうか。

たとえば、１米ドル＝１２０円で、レバレッジ１００倍で取引する場合、かりに60万円（５０００米ドルに相当）を証拠金として預託すると、５０００米ドル×１００＝50万米ドルの取引が可能になります。証拠金は取引額の１％であり、裏返すと証拠金の１００倍の取引ができるというわけです。

この場合、１米ドル＝１２０円で50万米ドルを買い、仮に１２１円まで１円上昇しただけで、

50万米ドル×1円＝50万円の利益が出る計算になります（手数料、金利収入などは除く）。60万円の証拠金を預託し、購入した米ドルが1円上昇しただけで、ほとんど証拠金が倍近くになるなら、それはやはりビックリです。

ただ、本人は60万円の証拠金を預託したわけですが、実際にはその100倍、つまり6000万円もの取引をしているわけですから、それを考えると1円上がっただけで50万円の利益になるのもおかしくはないわけです。

逆に、6000万円もの取引をしているわけですから、予想と反対の動きになった場合の損失もとても大きくなります。単純計算なら、1米ドル＝120円で買った米ドルは1％、つまり1・2円下落すると、証拠金の60万円がなくなることになるのです。

高いレバレッジでの取引継続の前提条件の1つは、値動きが少ない、つまり小動きということでした。値動きが大きくなると、レバレッジを高くして取引した場合、少し予想と反対に動いただけで、すぐに証拠金がすべて吹っ飛びかねません。

そんな大前提の値動き、つまり**ボラティリティー（変動率）が大きく変化したのが「リーマン・ショック」**だったわけです。この前提の変化、つまり**米ドル／円のボラティリティーの急騰から、レバレッジの上限設定を段階的に引き下げるといった流れとなっていきました。**

相場のリスクとリターンを左右するのはボラティリティー（ボラ）です。それが低い（小動き）

と、基本的にリスクは低いのですが、同時にリターンもあまり期待できません。ボラが低い中で高いリターンを追求するためには、レバレッジを使ってリスクを高くするという考え方になります。

ところが、ボラが上昇すると、リターンへの期待も高まるとともに、リスクも高くなります。そこでリスクテークの規制を強化した1つがレバレッジ規制ということだったわけです。

ただ、FXで扱う通貨のボラは一律ではありません。そうなると、ボラの高い通貨と低い通貨のレバレッジ・ルールが同じでよいのかといった、もう1つの議論が出てくることになります。

続続・FX規制の強化

リーマン・ショックの「最悪の日」となった08年10月24日、米ドル／円の最大下落率は7％にも達しました。この日の豪ドル／円の最大下落率はそれをさらに大きく上回り、16％にも達したのでした。

ちなみに、この08年10月の変動率〈高値・安値〉／終値）で見ると、米ドル／円は15％でした。これはこれで凄い数字で、それまでの月間変動率が5％前後で推移してきたところから一気に

3倍にも急騰したために、FXのレバレッジ規制強化につながっていきました。

豪ドル／円はどうかというと、変動率はなんと45%にも達したのです。**「リーマン・ショック」大相場で、米ドル／円のボラ急騰も凄かったわけですが、豪ドル／円はそれをはるかに上回る結果となった**わけです。

では、米ドル／円より、はるかにボラが高くなった豪ドル／円のレバレッジ規制は、米ドル／円と同じでよいのか、米ドル／円よりも豪ドル／円のレバレッジ上限は低くする必要はないのか、という疑問が出てきます。

FXのレバレッジ基準は通貨別に決めるといった考え方は、これまでのところ実現に至っていません。投資家の方々がしっかりこれを理解しておく必要があると思います。

「リーマン・ショック」で1日で7円も米ドルが暴落しましたが、その後、米ドル／円は19年にかけて3年連続で1年間の値幅でもわずか10円程度の小幅にとどまる低いボラ（低ボラ）が続きました。

ところが、20年になって新型コロナ問題が深刻化すると、金融市場はパニックとなり、為替相場もボラ急騰となりました。20年3月の米ドル／円は1米ドル＝101～111円と、1カ月で10円の値幅に急拡大したのです。3年連続で、1年間の変動幅だったものを、たった1カ月で達成してしまったわけです。

長く続いた低ボラから、空前の高ボラへ相場が激変した時、投資家はどのように頭を切り替える必要があるのでしょうか。それには、これまで述べてきた「リーマン・ショックの経験」が参考になるでしょう。

ボラが急騰したらリスク許容度を下げる、つまりレバレッジをこれまでより低くする必要があります。通貨によってボラは違うのだから、比較的ボラが低く、流動性の豊富な米ドルなど先進国通貨の取引ウェイトを高め、相対的にボラの高いクロス円や高金利通貨の取引をより慎重に行うべきです。

「リーマン・ショックの経験」を「コロナ・ショック」を乗り切る上での1つの参考にしていただければ幸いです。

「コロナ・ショック」で再注目

08年10月、記録的なリスクオフの株安、円高が起こり、それはFXのルール見直しをもたらすことにもなりました。

ただ、この**株安・円高は、「リーマン・ショック」から始まったわけではありませんでした。**その前から、株安・円高となっており、リーマン・ブラザーズの突然の経営破綻をきっかけに、リスクオフの株安、円高は加速したのです。

この一連の株安・円高、リスクオフの動きは、信用バブル崩壊、または世界金融危機などとも呼ばれます。ただ、「信用バブル崩壊」よりも「リーマン・ショック」のほうが有名なような気がします。

とりわけ、20年に入り「コロナ・ショック」が急拡大すると、「信用バブル崩壊以来」ではなく、「リーマン・ショック以来」といった言葉が使われました。なぜ「リーマン・ショック」はこれほど有名なのか。そしてそれは、どんな出来事だったのかについて、少し書いてみたいと思います。

これまで見てきた、「トランプ・ラリー」と「アベノミクス」の2つは、継続期間は違いますが、歴史的なリスクオンがまさにそこから始まる、というものでした。

「リーマン・ショック」がそれらと違うのは、リスクオンではなくリスクオフだということ、そして、そのリスクオフの株安・円高は、リーマン・ブラザーズ経営破綻といった「サプライズ」の前から起こっていたということです。

このリーマン破綻前から起こっていたリスクオフ、そしてリーマン破綻を受けたリスクオフ、「リーマン・ショック」を含めて、「信用バブル崩壊」と呼ぶのが一般的だと思います。海外では、「世界金融危機（Global Financial Crisis）」との呼び方もあるようです。

まどろっこしい言い方をしていますが、「リーマン・ショック」とは、「信用バブル崩壊」またはは「世界金融危機」と呼ばれた歴史の一局面であり、そのクライマックスということになると思います。

では、「リーマン・ショック」を含む、信用バブル崩壊、世界金融危機とはどんなものだったのか。わかりやすいように、主な出来事をまとめたのが別表です。

それをVTRの「早送り」ふうに説明すると、**07年8月の「パリバ・ショック」で信用バブル崩壊のリスクが表面化し、08年3月の「ベアー・スターンズ・ショック」を経て、同年9月のリーマン破綻をきっかけに、一気にクライマックスに向かった**ということです。

ただし、為替と株では、「リーマン・ショック」前後の動きには差がありました。為替たとえば米ドルは、一連の「信用バブル崩壊」局面で、ざっくり言って「リーマン・ショック」までにすでに半分下がり、そして「リーマン後」に残りの半分が下がったといった感じでした。ただし、株（たとえば米国株、NYダウ）は、まさに「リーマン後」に底割れの様相となったのでした。

基本的には、**信用バブル崩壊、世界金融危機とされますが、言葉的には「リーマン・ショック」が圧倒的によく知られるようになっているのは、そんな株安拡大の影響が大きかったのでしょう。まさに、この「リーマン後」から、「１００年に１度の危機」といった言葉が広がる**

「信用バブル崩壊」(世界金融危機=Global Financial Crisis)

2007年	
8月9日	仏BNPパリバ傘下のミューチュアルファンドが資産凍結(パリバ・ショック)。サブプライムローン問題が表面化。
10月9日	NYダウ、史上最高値1万4164ドルを記録。
2008年	
3月16日	JPモルガン・チェース、経営危機に陥っていたベアー・スターンズを救済(ベアー・スターンズ・ショック)。
9月7日	米政府系金融機関(GSE)のフレディマックとファニーメイがアメリカ政府の管理下になる。
9月15日	リーマン・ブラザーズが経営破綻。負債総額は史上最大の6130億ドル(リーマン・ショック)。
9月29日	米議会下院が緊急経済安定化法案を否決。法案否決を受けてNYダウが史上最大の777ドル安。「世界恐慌の再来」懸念が拡大。
10月3日	緊急経済安定化法が下院でも可決し成立。米国政府は7000億ドルの公的資金を投入して不良資産を買い取ることを決定。
10月8日	米欧など緊急協調利下げ(FRBは0.5%の利下げ)
10月24日	米ドルが最大7円も暴落するなど、金融市場が乱高下。
10月27日	日経平均がバブル崩壊後最安値を更新。G7が緊急声明を発表。
10月28日	FRBが0.5%の追加利下げ。
11月4日	米大統領選挙で民主党のバラク・オバマが勝利。
11月9日	中国、4兆元の景気対策を発表。
11月14日	第1回20カ国・地域首脳会合(金融サミット)開催
12月16日	FRBがゼロ金利政策を導入。
2009年	
3月17日	FRBが「非伝統的金融政策」、QE(量的緩和)を開始。
4月30日	米大手自動車メーカー「ビッグ3」の1つ、クライスラーが経営破綻。
6月1日	「ビッグ3」の1つ、GM(ゼネラル・モーターズ)が経営破綻。

(各種資料をもとに著者作成)

ようになったのです。

世界経済の「最終防衛ライン」が崩れた

「リーマン・ショック」前後において、為替と株価では動きにかなりの差がありました。

為替たとえば米ドルは、07年6月の1ドル＝124円から、「リーマン前」に一時100円を割るなど、すでに最大で30円程度もの一段安となっていました。さらに「リーマン後」に安値を更新し、09年には87円まで続落しました（図表1参照）。

結局、「信用バブル崩壊」相場で、米ドルは最大37円程度下がったわけですが、上述のように「リーマン前」の段階ですでに下落は相当広がっていたわけです。

これに対して、株価の下落はまさに「リーマン後」に本格的な拡大となりました。たとえばNYダウは、07年10月の1万4000ドルが高値で、「リーマン前」の08年7月に1万1000ドル割れまで約3000ドル下落しました。しかし、「リーマン後」は、09年3月の6500ドルまでさらに4000ドル以上も安値を拡大するところとなったのです（図表2参照）。

NYダウのチャートを見ると、07年8月「パリバ・ショック」、08年3月「ベアー・スターンズ・ショック」などの急落を経験しながらも、何とか反発への転換を模索していた株価が、**「リーマン・ショック」を受けて、いよいよ底が割れたような動きになった**のがわかるでしょう。

こんなふうに株価の動きは、「リーマン前」と「リーマン後」では一変したことがわかると思います。**「リーマン・ショック」というのは、世界経済にとってある意味で「最終防衛ライン」が突破されたことを示す象徴的な出来事だった**のです。

世界経済が一変した——それは米国の代表的な経済指標である雇用統計の中のＮＦＰ（非農業部門雇用者数）を見てもわかります。

ＮＦＰは08年1月から前月比減少に転じたのですが、それでも月間の減少数は10万人前後にとどまっていました。ところが**リーマンが破綻した08年9月から、前月比減少数は30万人超に跳ね上がりました**。そして、ピーク時は月間70万人以上の減少が3カ月続き、結果的に09年7月まで、月30万人以上の減少は10カ月も続くところとなったのです。**リーマン破綻からの１年で、ＮＦＰは何と７００万人近い減少となった**のです。

こういった中で、09年にはかつて「自動車大国・米国」の象徴ビッグ3から、クライスラー、ＧＭ（ゼネラル・モーターズ）の経営破綻が相次ぎました。こうして、「リーマン後」の世界経済は、１９３０年代の大恐慌以来の危機といった意味で、「１００年に1度の危機」と呼ばれるところとなったのです。

【図表1】信用バブル崩壊局面の米ドル／円（2007〜10年）

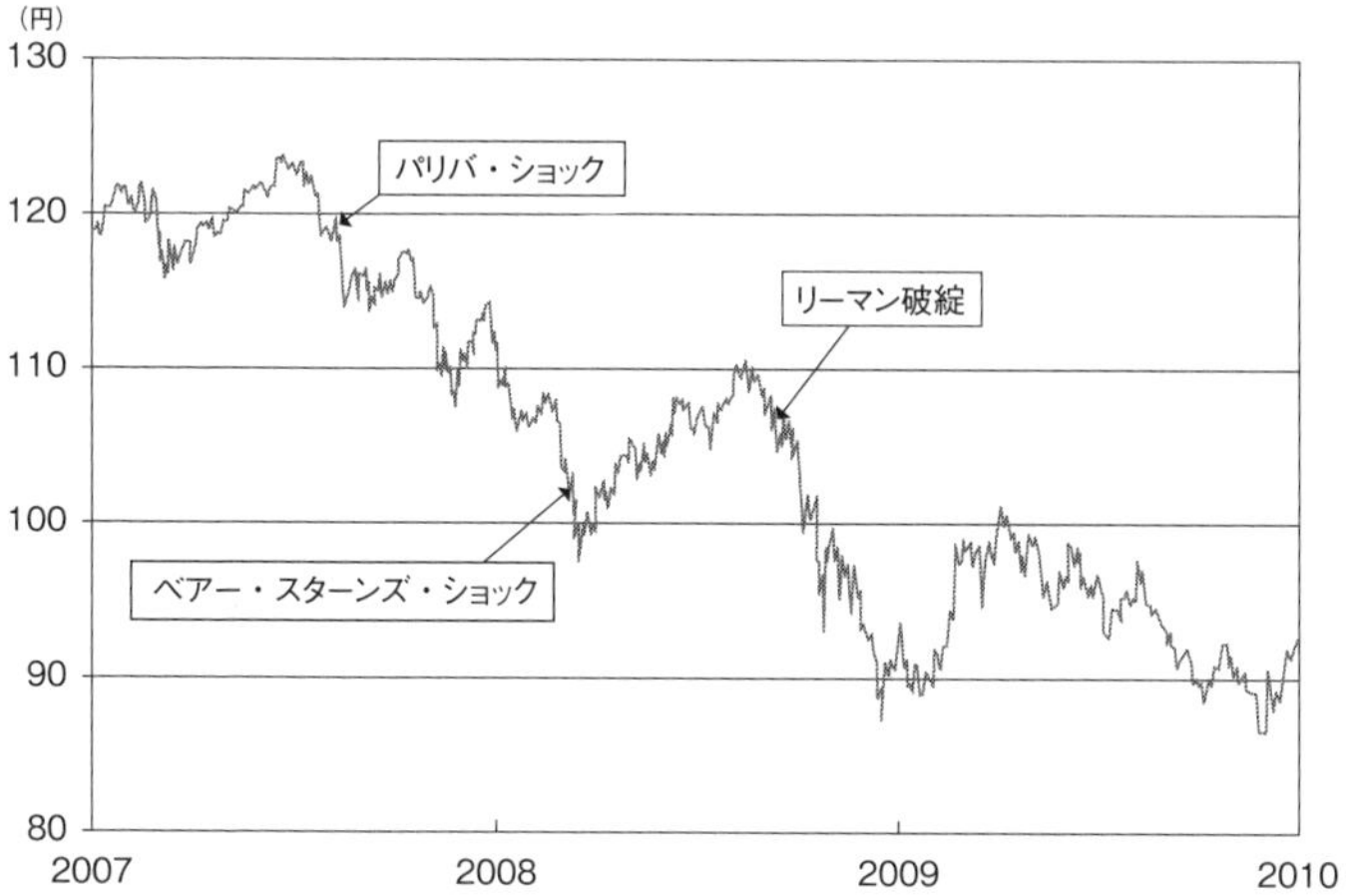

（リフィニティブ・データよりマネックス証券が作成）

【図表2】信用バブル崩壊局面のNY ダウ（2007〜10年）

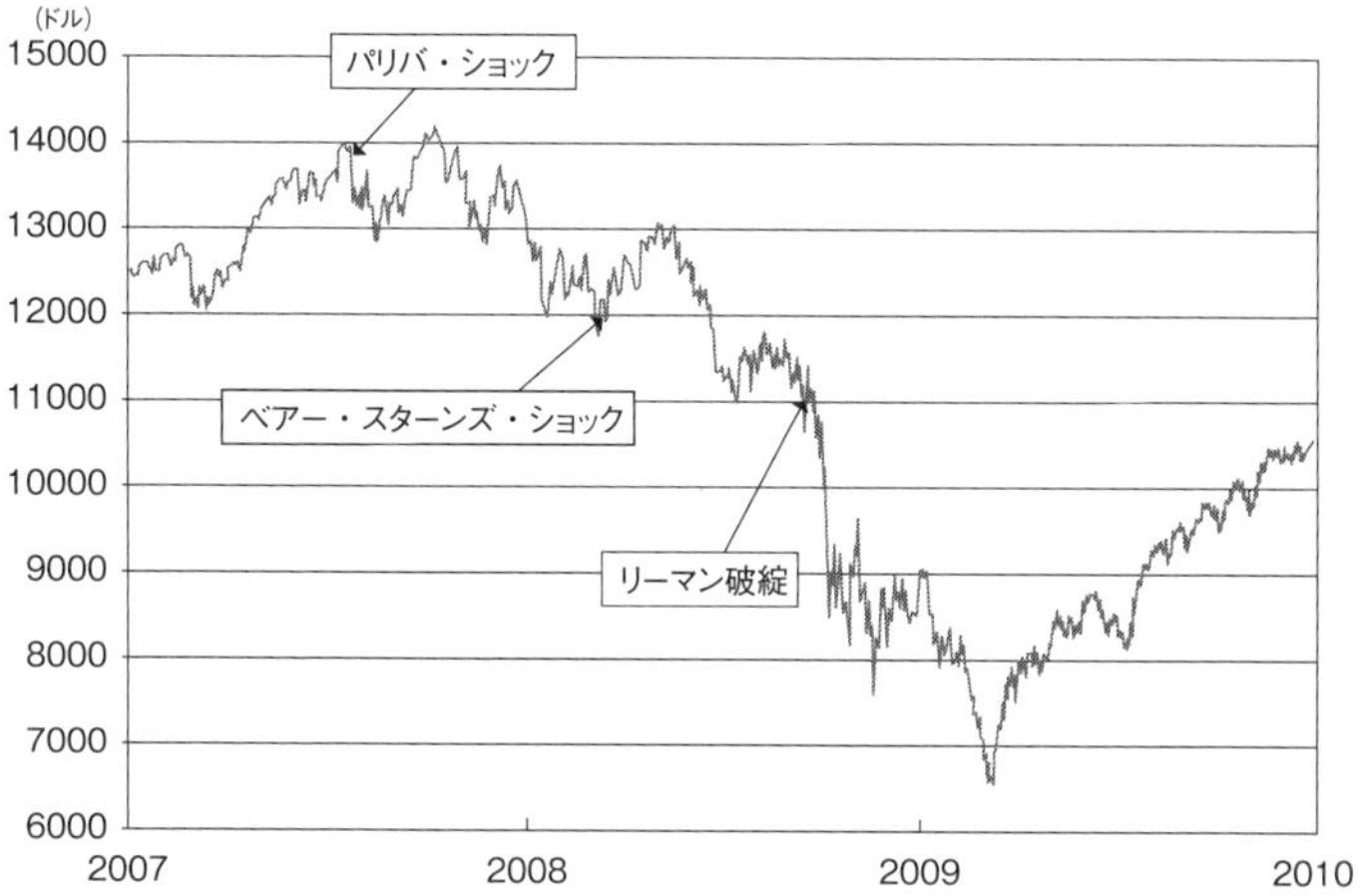

（リフィニティブ・データよりマネックス証券が作成）

それにしても、「リーマン・ショック」からまだ10年ちょっと過ぎただけで、今度はリーマンをも上回るような「コロナ・ショック」に直面したわけですから、本当に大変な時代が続きます。

「コロナ・ショック」は超有事

20年は、「リーマン・ショック発の世界経済危機」を上回りそうな「コロナ・ショック」による激震の年となりました。今回は「コロナ・ショック」後を考える参考として、「リーマン・ショック」の経済的インパクトを見てみたいと思います。

まず失業ですが、前回も書いたように、**リーマンが突然破綻した08年9月の米国のNFPは30万人の大幅減**となり、結果的に**リーマン破綻から1年でNFP減少は約700万人**になりました。

一方、**「コロナ・ショック」では、それが表面化した20年3月にNFPは70万人の激減**となりました。「リーマン・ショック」との違いは多々あるものの、最初からいかにインパクトの大きい数字だったかはわかるでしょう。

次に株価ですが、NYダウはリーマン破綻前の08年10月初めには1万1500ドル程度でした。それが、「リーマン・ショック」の中で、09年3月にかけて6500ドル程度まで一段安に向かったのでした。**最大下落率は4割以上**となりました。

一方、「コロナ・ショック」では、新型コロナが拡大する前の、20年2月のNYダウは約2万9500ドルの最高値を記録しました。ところが3月には一気に1万8000ドル割れとなり、**最大下落率は早速4割に達した**のです。「リーマン・ショック」と同じ規模の株安がほんの1カ月程度で起きたわけですから、「コロナ・ショック」はすさまじかったのです。

為替相場はどうなったでしょう。「リーマン・ショック」前、08年3月に100円割れとなった米ドルは、その後8月に110円まで戻しました。それから、「リーマン・ショック」で下落が再燃すると、09年1月には87円まで急落したのです。**最大下落率は2割程度**といった計算になります。

一方、「コロナ・ショック」では、米ドルは2月の112円からあっという間に101円まで、ざっと1割の暴落となりました。その後は「リーマン・ショック」ではあまり記憶にない、「有事の米ドル買い」が起こりました。

「有事の米ドル買い」とは、昔からある言葉ですが、近年はあまり聞かれなくなっていました。しかし、そんな言葉を引っ張り出すほど、**コロナ・ショックは普通の「有事」を超え、「基軸通貨」の米ドルが必要とされるほどの「超有事」ということになったわけです。**

FX最大事件「オージー・ショック」

「リーマン・ショック」で世界経済は大恐慌以来の様相となっていったわけですが、株安・リスクオフはその1年ほど前から続いていたものでした。

この「100年に1度の危機」に前後して起こったのが、**FX史上、最大の事件ともいえる豪ドル暴落「オージー（豪ドル）・ショック」**でした。今回はこれについて述べてみたいと思います（通貨には通称がついている場合があり、豪ドルは「オージー」と呼ばれていました。オージーとは、オーストラリアとかオーストラリア人の意味で、「オージー・ビーフ」などといいますね。同じオセアニア地域、NZ（ニュージーランド）の通貨、NZドルは「キウイ」と呼ばれます）。

「リーマン・ショック」以前で、**株価急落、リスクオフが最初の注目を集めたのは07年8月の「パリバ・ショック」**と呼ばれた相場です。この頃から、ITバブル崩壊後の低金利政策を受けた不動産、住宅、債券などの資産バブル、それに伴う過剰な信用供与の反動が出始めました。その最初の株価暴落が、フランスに本拠を置く世界有数の金融グループBNPパリバ関連会社のサブプライム問題がきっかけとなって起きた「パリバ・ショック」だったのです。

この中でNYダウは1万4000ドルから一時1万3000ドル割れへ約1割の下落となり

ましたが、すぐに反発に転じると、10月には最高値を更新しました。しかし、株高もここまでで、次の金融危機の主役となったのが、米国の金融機関でした。

08年にかけて、世界中が固唾を呑んで見守ったのが米国の大手投資銀行、ベアー・スターンズの経営危機でした。ゴールドマン・サックス、モルガン・スタンレー、メリルリンチ、リーマン・ブラザーズに次ぐ全米第5位の投資銀行だったベアー・スターンズは08年3月、ギリギリのところで米銀最大手の1つ、JPモルガン・チェースに救済されたものの、経営破綻寸前まで追い込まれました。そんな動きを見ながら、NYダウも最大で2割近く下落し、1万2000ドル割れとなりました。

一方、**「リーマン・ショック」までの約1年で起こった2大ショック相場、「パリバ・ショック」「ベアー・スターンズ・ショック」において、為替相場はどんなふうに動いたのでしょうか。最初に言っておきますが、じつは少し気になるところがあった**のです。

米ドル／円は、ショック相場というリスクオフ局面で円高が着実に広がっていったのに対し、豪ドル／円の場合は円高・豪ドル安の一進一退が続きました。別の言い方をすると、リスクオフが広がる中で、米ドルに対しては円高が広がったのに対し、豪ドルに対しては、円高は伸び悩む状況が続きました。

つまり豪ドルは米ドルに比べて、株安・リスクオフが広がる中でも結構、強い状況が続いたのです。ただし、それは「リーマン・ショック前」までのことでした。前にも書いたように、「リーマン・ショック」では、一転して豪ドル／円は、米ドル／円をはるかに上回る大暴落となりました。**なぜ豪ドルに大変化が起こったのでしょうか。**

「夢の100円」を謳歌

「リーマン・ショック」までの約1年の間に、**「パリバ・ショック」「ベアー・スターンズ・ショック」といった2つの大きなショック相場がありました。その中で米ドルは、リスクオフの株安につられる形で、着実に下落（円高）が広がっていきました。**

米ドルはそれまで約2年も、1米ドル＝110〜120円といった10円程度の狭いレンジで、不気味な小動きが続いていました。07年6月にかけて一時124円まで上昇し、ついにレンジを上放れたかといった動きになりながら、それから間もなく「パリバ・ショック」となったことから、下落へと急転換したのです。

07年8月に「パリバ・ショック」が起こると、米ドルは一気に110円割れ寸前まで急落しました。かろうじて110円割れは回避されたものの、その後の反発は限られ、やがて110円割れ、そして08年に入り「ベアー・スターンズ・ショック」が広がる中で、3月には一気に

１００円の大台も割れるといった具合に急落しました。それと**対照的だったのが、豪ドル／円（オージー円）の動きでした。00年に１豪ドル＝50円台だった豪ドルは、07年に入るとついに１００円の大台を超えてきました。**豪ドルの「夢の１００円」突破となったのです。この頃の豪州の政策金利（中央銀行が金融政策の対象とする金利）は６％を超え、**比較的高金利であり、長期的な上昇トレンドが続いていた豪ドルは、ＦＸの投資家からも大人気の対象となっていました。**

「夢の１００円」突破となったオージー円でしたが、さすがに「パリバ・ショック」に巻き込まれると、１００円を割り込み、勢い余って一気に90円をも割り込む暴落となりました。「怒涛のオージー快進撃もここまでか」と思われましたが、いや違ったのです。

米ドル／円が着実に下値を切り下げていったことを尻目に、オージー円はあっという間に「夢の１００円」に復帰したのです。当時の感覚からすると、大人気、超人気の通貨だったオージーは、少しでも安くなったら買いたいと思っていた投資家たちからの注文が殺到したのです。

さすがに、その後「ベアー・スターンズ・ショック」など、世界的に株安・リスクオフが広がる中で、超人気オージーといえども、１００円を割れるところとなったのですが、「パリバ・ショック」の安値を更新することはなく、「リーマン・ショック」前には３度も「夢の１００円」に復帰しました。

当時のオージーは、ＦＸ投資家の信頼を裏切ることのない絶対的存在になっていたのかもしれません。しかしそんなオージーが、「リーマン・ショック」の中で激変に見舞われるところとなるのです。

半分になった「オージー」

不吉な前兆は、「リーマン・ショック」前からありました。リーマンの経営破綻が突然決まったのは08年9月15日のことでしたが、その少し前に、オージー円は、あの2度のショック相場、「パリバ・ショック」「ベアー・スターンズ・ショック」でも割れなかった1豪ドル＝80円台半ばの水準をついに割れてきたのでした。

それは、今から思うと、「不死身のオージー」にとって明らかに変化の兆しだったのでしょう。長く割れなかった水準を割る、それはチャート的には下落余地が急拡大している可能性を示唆するものでした。

これまでも書いてきたように、金融市場はリーマンの破綻からすぐに大混乱となったわけではなく、世界的な株暴落が起きたのは約半月ほど後の10月に入ってからでした。しかしオージー円は例外で、9月末までに82円まで続落、9月の高値からすでに10円以上の大幅な下落とな

豪ドル／円の月足チャート(2000〜11年)

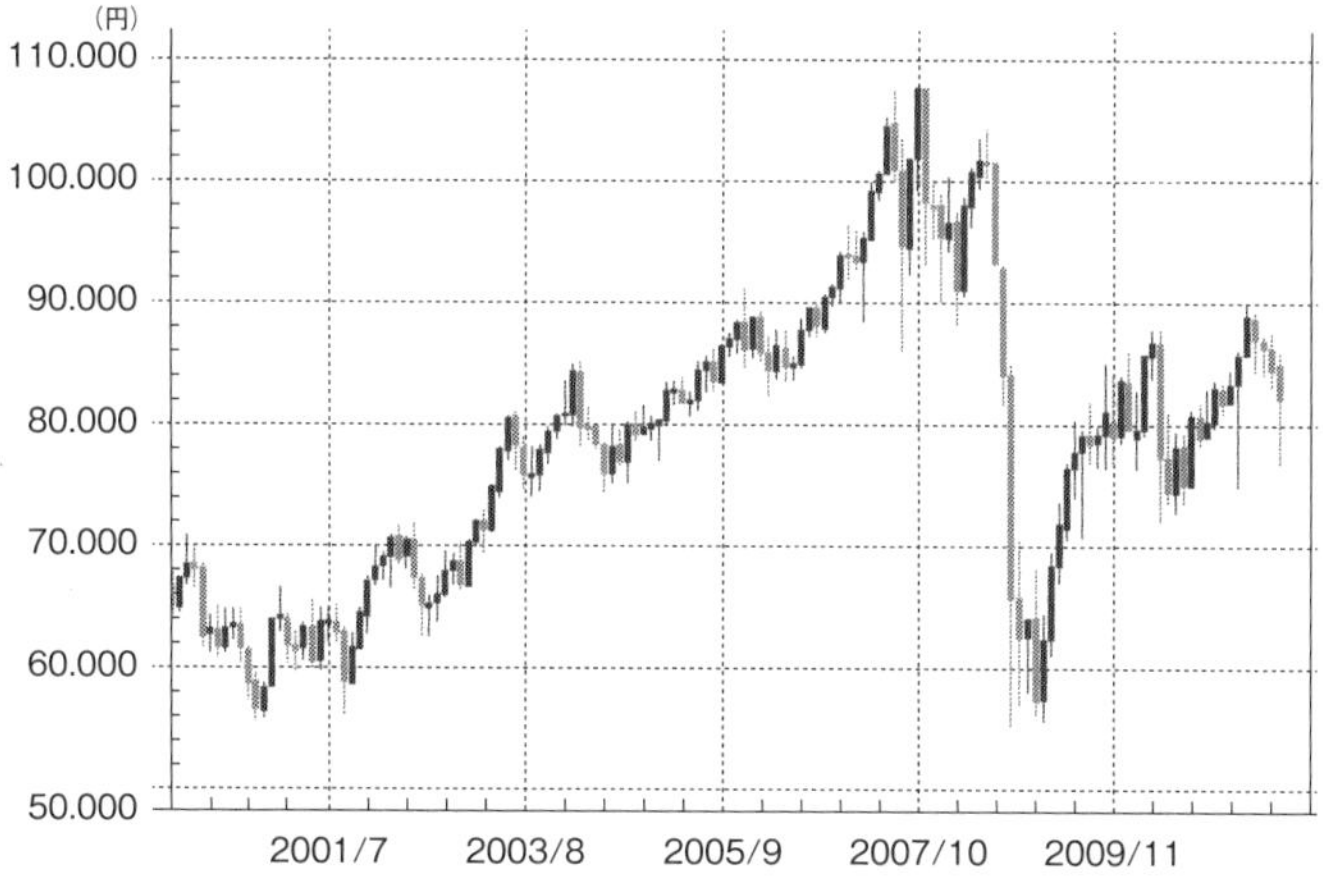

(出所：マネックストレーダーFX)

ったのです。

そして10月になり、世界的な株大暴落が広がると、オージー円の下落にはいよいよ歯止めがかからなくなりました。**10月6日と24日はたった1日で10円以上暴落して、54円台まで下落したのです**(図表参照)。

オージー円は00年の50円台から7年かけて、「夢の100円」台に到達しました。ところが、08年7月から、今度はたった3カ月で50円台に戻ってしまったわけです。

7年かけて倍になったオージー円が、たった3カ月で半分！ これこそFXにおいて起こった「最大の事件」と言ってもいいでしょう。

確かに「パリバ・ショック」「ベアー・スターンズ・ショック」そして「リーマン・ショック」と展開した一連の信用バブル崩壊、世界金融危機でのオージー円の推移をみると、オージー自体の「バブル崩壊」といった面があったようにも感じます。

「リーマン・ショック」前のリスクオフ局面でもすぐに反発に転じることを繰り返した「不死身のオージー」こそ、行き過ぎた上昇相場「バブル」であり、それが一気に「崩壊」した結果こそが、「オージー・ショック」だった――。

そんな理解で基本的にはいいと思います。そして、「オージー・バブル」の裏には、もう1つ重要な役割を演じた存在があったようです。**その「影の主役」こそ原油でした。**

原油相場は「転換点」にあった

「不死身のオージー」、それを後押しした1つが歴史的な原油相場の高騰でした。オージーは、代表的な資源国通貨とされます。そんなオージーだからこそ、代表的な資源価格である原油相場の歴史的な高騰が、上昇を正当化する要因となったのでしょう。

ところが、**原油相場の歴史的な高騰が、まさに「リーマン・ショック」前から激変に向かったのです。**

たとえばWTI（ウエスト・テキサス・インターミディエイト）は、08年7月にかけて150ド

ル近くまで高騰しました。これこそ、知的好奇心をそそるような「謎」の1つでした。

原油相場は景気の関数です。景気が良くて需要が増えると原油相場は上昇し、景気が悪化し需要が減ると原油相場は下落する、これが基本です。需給という言葉の通り、需要の対語が供給です。供給とは原油の生産。だから、原油相場は供給、つまり原油生産の調整で決まるのかというと、その関係は薄いというのが、過去の実績の示すところなのです。

言いたいことは、「原油相場のトレンド（継続的な方向性）は、基本的には供給（中東情勢の不安など）ではなく、需要で決まる」→「需要とは景気」→「米景気悪化でなぜ原油高？」ということです。そんな疑問に対してあなたはどう答えるでしょうか？

ここで出てきたのが**「デカップリング論」**でした。「デカップル」とは「カップルではない＝分裂している」という意味。要するに、これまで原油相場は米国を始めとした先進国の景気と「カップル（連動）」してきたのが、「デカップル（分裂、乖離）」し始めた。なぜかというと、それはＢＲＩＣｓに象徴される新興国の台頭の影響が大きく、**先進国の景気悪化でも、新興国の景気好調に伴う需要が、原油相場の高騰をもたらしているからだ、**といった考え方です。

今では、ＢＲＩＣＳというと懐かしい響きがあります。「知らない」という人のために言うと、ＢＲＩＣＳは代表的な新興国とされたブラジル、ロシア、インド、中国、南アフリカの頭文字をとった合成語です。

つまり、世界経済の構造変化により、先進国の景気悪化でも、このＢＲＩＣＳに象徴される新興国の台頭による需要拡大で原油の歴史的高騰は正当化できるもので、「行き過ぎ」とか「バブル」ではないという考えです。

相場は上がったり下がったりする極めて循環的なものであり、その説明が難しくなる（つまり、過去の経験以上に上がり続けたり、逆に下がり続けるといった具合になる）と、構造変化で説明しようという「空気」になることがとても多いようです。

しかし、**構造変化というのは、地球温暖化のような何十年、何百年の変化を言うのであって、数カ月、数年の相場変化を説明するものではありません。単に循環的変化が「行き過ぎ」となっていることを構造的変化で説明しようとするのは、気持ちはわかりますが、普通は相場の循環的な転換点で起こることが多いのです。**

「デカップリング論」は、新興国の台頭といった意味で、世界経済の構造変化を説明する考え方でしょう。そんな議論が出てきたのは、まさに「転換点」だったからです。実際に08年7月を境に、原油相場は暴落に急転換したのです。それこそ「オージー・ショック」の、もっとも重要な要因だったのではないでしょうか。

原油バブルの崩壊

原油相場（たとえばＷＴＩ）は、繰り返されるショック相場を尻目に、08年に入ると１バレル＝１００ドルの大台を超えて、上昇に一段と弾みがつきました。そして瞬く間に、次の大台である１５０ドルも視界に入るところとなりました。

株安・リスクオフが広がり、米国を含めた先進国の景気が悪化する中で、需要が縮小しているはずなのに、なぜ原油相場は高騰しているのか。先進国景気と原油相場の乖離は、中国を始めとした新興国の台頭によるところが大きいため、その意味で原油高はおかしくない、といった新説が「デカップリング論」でした。

ちょうどこの頃、ある大手の米系投資銀行が発表したリポートが話題になりました。「原油は有限な資源であり、このままでいけば近い将来、足りなくなる可能性がある。最近の原油価格高騰はそれを織り込んだ動きであり、さらに２００ドルまで上昇する可能性もある」

しかし、このリポートが話題になってから間もない**08年7月、ＷＴＩは１５０ドルの大台手前で頭打ちになると、一転して暴落に向かったのです。そして、代表的な資源国通貨のオージーも、まさにそんな原油相場の暴落につられる展開となった**のです。

オージー円は08年9月のリーマン破綻前、7月から下落が始まりました。これまで見てきたことからすると、それは原油相場が天井を打って、下落に急転換したことが大きかったでしょう。

そして**原油相場は、急落からさらに暴落、大暴落となりました。7月に150ドル近くまで上昇していたWTIは、年末には40ドル割れ。たった半年間で100ドル以上の歴史的大暴落となった**のです。

あの、100ドル超の原油相場を正当化した「デカップリング論」や「原油有限説」はいったい何だったのでしょうか。

「バブル破裂」のケースでは、得てしていつもこんな感じです。つまり**循環的な相場の動きの説明が苦しくなると、構造的な変化だとか、新時代といった具合に、敢えて「難しい説明」をしようとはするが、「行き過ぎ」といった「簡単な説明」はしません。**

似たようなことが、ITバブル崩壊のケースでもありました。それはきっと、プレッシャーの影響が大きいのでしょう。「上がり過ぎと言っても、現に上がっているじゃないか。この理由が説明できず、『行き過ぎ』といわれて納得できるか」と言われれば、「新時代です」と言いたくなる気持ちもわからなくはありません。それが人間というものでしょう。

しかし、それでは「バブル破裂」といった重要な転換点の予想など、とてもできません。**「行**

き過ぎ」ですよ、「間違い」ですよ、「王様は裸ですよ」と言うことを、客観的根拠をもとに指摘できるかどうかが、専門家の分析能力の真価なのでしょう。

今にして見ると、この08年7月にかけての原油相場の高騰は、住宅や不動産などの資産バブルの1つだったと思います。そして代表的な資源国通貨であるオージーは、そんな「原油バブル」の影響を強く受けていました。だから、原油バブル破裂といった動きが広がる中で、オージーは他の通貨以上に下落に歯止めがかからなくなっていったということでしょう。

それこそが、「リーマン・ショック」におけるFX最大事件ともいえる「オージー・ショック」の「真相」だったのではないでしょうか。

「オージー・ショック」をなぜ察知できなかったのか

「オージー・ショック」がまだまだ色濃く残る中で、私は、金融機関のある知人から相談を受けました。「今回のリーマン・ショックで円高が大きく起こったことで、外貨商品の販売員たちも強いショックを受けた。何とか彼らに元気が出て、勇気がわくようなセミナーをやってもらえないか。特に豪ドルについて」

私は、この「勇気がわくようなセミナーを」と言われたときに、やや不謹慎ながら、「これは面白いことになりそうだ」と思って、俄然やる気になりました。

「元気が出る、勇気がわくセミナーをしてほしい、そんなリクエストをもらいました。だから、セミナーはこの資料から始めます」

忘れもしない、まだ「リーマン・ショック」の痛手が生々しく残る08年11月。ある地銀のFA（フィナンシャル・アドバイザー）の方々の前で、私がスクリーンに表示したのは、豪ドル／円の5年MA（移動平均線）からの乖離率でした（図表1参照）。

「よくご覧ください。グラフが上に伸びると上がり過ぎ、下に伸びると下がり過ぎです。これを見ると、**リーマン・ショック前の豪ドルは、記録的な上がり過ぎ、割高圏にあったことがわかります。ところが、その後の暴落を受けて、足元は一転して10年以上ぶりの下がり過ぎ、割安圏に達したようです**」

「**記録的な割高圏で豪ドル建て商品をお客様に薦めたことを考えると、一転して記録的な割安圏で豪ドル建て商品を薦められるのですから、元気も勇気も出てくるでしょう**」

当時の豪ドルは、もちろんFXだけの人気通貨ではありませんでした。そこそこの高金利通貨であり、豪州と言えば先進国で、そんな国の通貨が7年も上昇トレンドが続いてきたのですから、豪ドル建ての債券、投資信託、外貨建て保険などの運用商品は、FAや販売員の方々も自信を持ってセールスしてきたのでしょう。ところが「リーマン・ショック」、そしてさらに「オ

【図表1】豪ドル／円の5年MAからの乖離率（1990〜2020年）

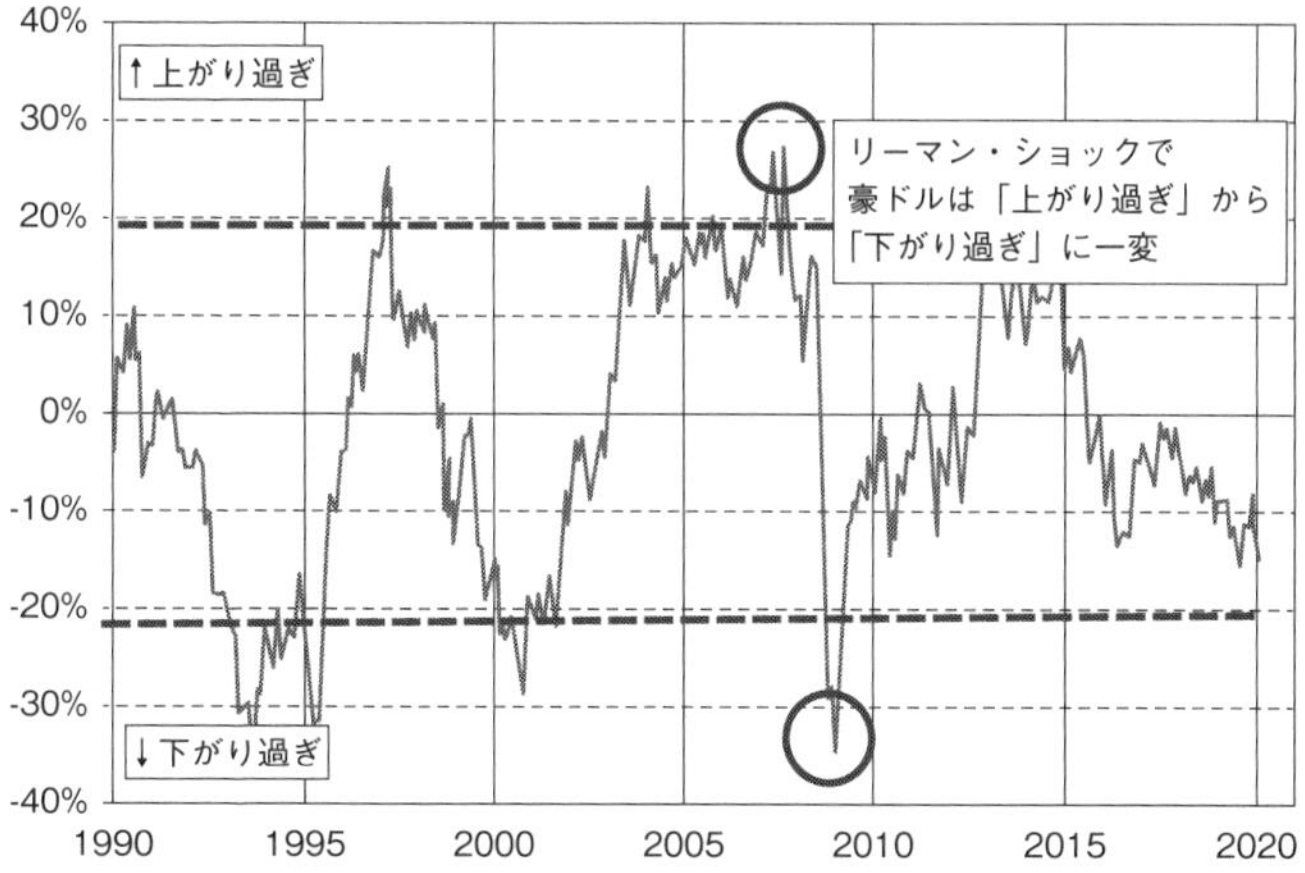

（リフィニティブ・データよりマネックス証券が作成）

ージー・ショック」が起こったわけです。

改めて豪ドル／円の5年MAからの乖離率を見たら、思わず「おやおや」と思うのではないでしょうか。

オージー円は「リーマン・ショック」前では、過去5年の平均値である5年MAからの乖離率でみると、記録的な「上がり過ぎ」、割高となっていました。

投資の基本は、割安圏で買って、割高になったら売るということです。たとえば円より金利の高い外貨を買おうとする時、「今買って大丈夫か。もう少し下がったところで買ったほうがよいのではないか」と迷うことがあります、これを別の言い方をすると、「今買うのは割高かもしれない。もう少し割安になってから買いたい」となるでしょう。

そういう意味で言えば、「リーマン・ショック」前の5年MAからの乖離率では、記録的な割高圏となっていたオージー円は、「買う」のではなく、むしろ逆に「売る」タイミングだったのかもしれません。

これまで何度も述べてきたように、「パリバ・ショック」でも「ベアー・スターンズ・ショック」でも、オージー円はすぐに不死鳥のごとく甦り、「夢の100円」に戻ってきました。それを支えた要因の1つが歴史的な原油相場の高騰でした。

ここで「待てよ」と思った方も結構いるのではないでしょうか。「オージー高はバブルになっていた可能性があった。そうであるなら、100ドルを大きく上回ったWTIの5年MAからの乖離率はどうなっていたんだ?」。そんな具合に、推理が膨らんでいった人も少なくないかもしれません。

では、WTIの5年MAからの乖離率を見てみましょう。それを見ると、「リーマン・ショック」前、WTIが150ドル近くまで上昇した頃の乖離率はプラス100%以上で、1990年以降では最高となっていました(図表2参照)。まさに、**原油相場も記録的な「上がり過ぎ」の可能性があった**わけです。

以上のように見ると、**行き過ぎたオージー高、「オージー・バブル」を、さらに行き過ぎた**

【図表2】WTIの5年MAからの乖離率（1990～2020年）

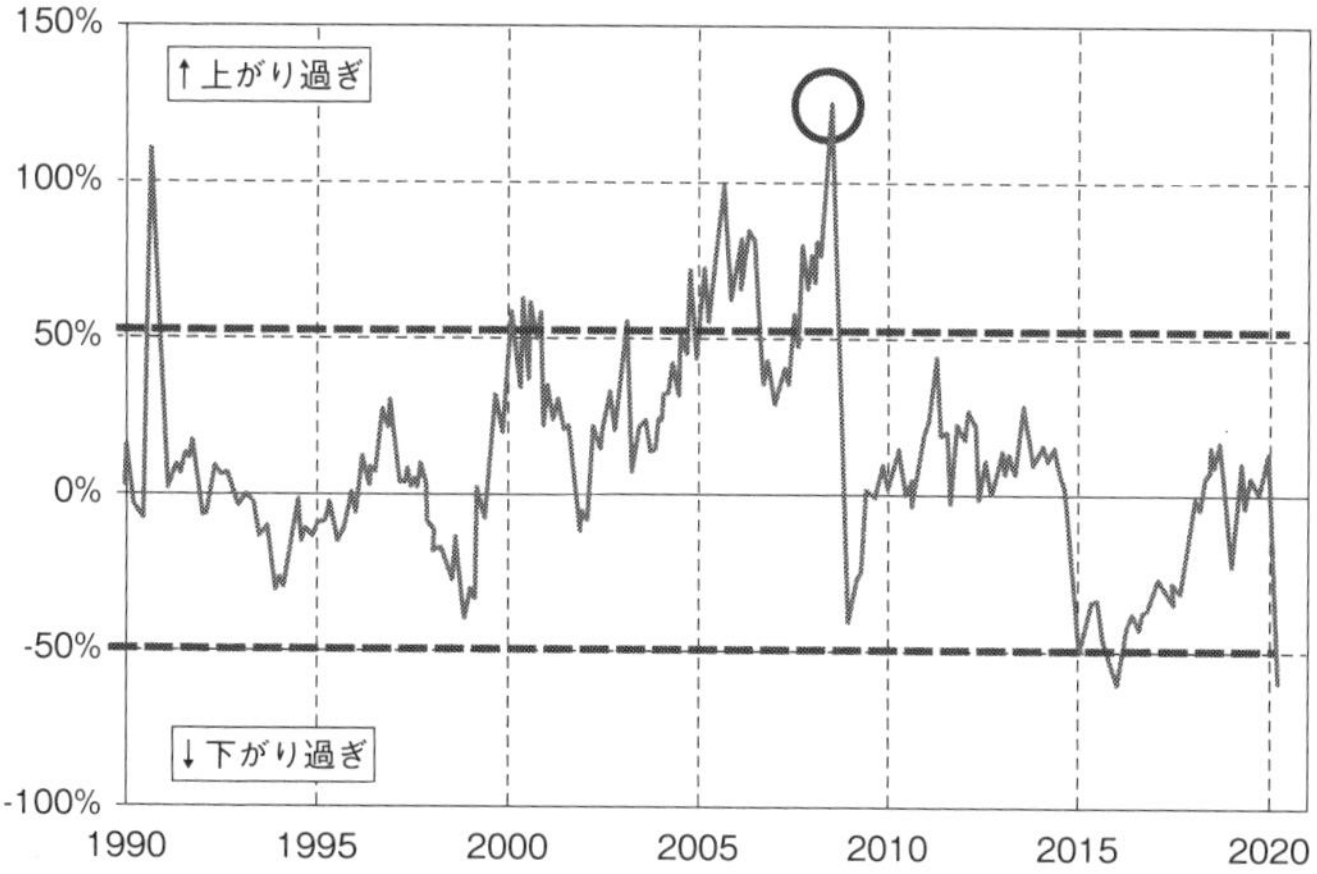

（リフィニティブ・データよりマネックス証券が作成）

原油相場の上昇、「原油バブル」が支える、そんな状況が「リーマン・ショック」前にあったということになるでしょう。

そしてそんな2つのバブルがはじけた結果が、半年間で100ドル以上の原油相場の大暴落と、たった3カ月で1豪ドル＝100円台から50円台になるほどのオージー円の大暴落をもたらしたということでしょう。

そんな**大暴落によって、原油相場もそしてオージー円も、客観的評価が一変しました。5年MAからの乖離率などでみると、割高から割安への大転換となった**のです。

そしてそれこそ、私が「元気の出る、勇気のわくようなセミナーを」と依頼されたことに対して強調した点でした。

要するに、オージー円は近年なかったほどの割安圏で推移しているのだから、「むしろ投資の絶好のチャンスの可能性が出てきたのではないか」ということです。どうでしょうか。

相場的にも、オージー円は08年10月24日に記録した1豪ドル＝54円が底値となり、その後は1年で30円以上も一段高となったのです。

絶望からの脱出

「リーマン・ショック」を受けて、世界経済が絶望に追い込まれたのは、「もうやれることはなくなった」ということが大きかったでしょう。

景気対策としての「やれること」、それはもちろん金利を下げることです。「リーマン・ショック」から間もなく、米国も08年12月には政策金利をゼロまで引き下げました。日本はもちろん、利下げの余地は基本的にありません。ということは、「リーマン・ショック」を受けた世界的な景気悪化に対して、金融政策の対抗手段はないということです。まさにその思いは絶望感です。

その前提を踏まえた上で、考え得る対抗策は基本的に2つだったということは、今から見ても違和感のないところでしょう。

1つは**先進国以外で何とかできないか、**もう1つは**先進国もこれまで以上に何かできないか、**ということです。

まず前者については、日米など先進国の政策発動余地はもはや限られています。しかし、中国を始めとした新興国では、まだ金利の下げ余地も、財政の発動余力もあります。そうであれば、**この危機への対策は、これまでの米国など先進国主導と異なり、中国を始めとした新興国に頑張ってもらおうということになります。**

グローバリゼーション、つまり世界経済の連携が強まる中で、経済政策は一国だけでは限界があります。複数の主要国による協調的な対応が必要です。1970年代の「オイル・ショック」を受けて、その考え方によって始まったのがG7（先進7カ国）の会議でした。

しかしもはやG7の政策余力は、金融政策、財政政策ともに伝統的な範囲内においては限界に達しています。余力を残しているのは中国を始めとした新興国です。そうであれば、「100年に1度の危機」への経済対策は、G7では不十分で、中国や新興国も参加する会議が必要になります。

その結果が、**G7ではなく20カ国・地域からなるG20をメインにしようといった流れにつながっていった**のです。2008年11月、中国が景気対策を発表し、それから間もなく第1回目のG20サミット（首脳会議）が開催となりました。

ただ**G20中心のスタイルは、今振り返ってみると、あまり成果を上げたわけでもありませんでした。**参加者が多くなると、どうしてもスピード感が出にくいし、形式的になってしまいます。

一方で、中国の大盤振る舞いの政策発動の効果はありました。中国の株価指数である上海総合指数は、15年6月にかけて一段高となり、そこから「バブル崩壊」のように一転暴落へ向かったのですが、これは**「100年に1度の危機」から脱出するために、中国がバブルをつくる政策を行った結果だった**からです。

前に「デカップリング論」を紹介しましたが、先進国の景気悪化でも原油相場が上昇を続けたことは、新興国台頭によるとの説がありました。その後、原油相場が大暴落となりましたが、**危機からの脱出における貢献ということを見ると、デカップリング論もまったく間違いではなかった**ということかもしれません。

そしてもう1つ、この**「新興国主導の危機脱出」が重要だったのは、「オージー復活」への影響**でした。

もう1人の主役「ヘリコプター・ベン」

オージー円は、09年2月までは1豪ドル＝50円台の安値圏で推移しましたが、年末までには約30円も上昇、1豪ドル＝90円に迫る動きとなりました。ここで興味深いのは、同じ期間に米ドルも同じように上昇したわけではなかったということです。

09年1月に1米ドル＝87円で下落が一段落となった米ドルは、その後1米ドル＝100円の大台を回復する場面はあったものの、ごく短期間にとどまり、年末にはむしろ安値を更新するところとなりました。

要するに、**09年後半にかけ米ドル／円は円高（米ドル安）、一方、オージー円は円安（オージー高）といった具合に、基本的に反対の動きとなったのです。それこそ、「100年に1度の危機」からの脱出が、中国など新興国主導で展開した影響だった**のでしょう。

豪州は中国との貿易関係が強いため、オージーは中国の景気や株価の影響を受けやすいとされています。そんなオージーだからこそ、中国が主導した危機からの脱出は追い風となったと言えます。

しかし、正直に言ってオージーがすぐにどんどんと上がるとはまったく予想していませんでした。私にとってもまさに「奇跡のオージー復活」だったわけです。

そんなオージーを尻目に、米ドルは09年後半にかけて下落が再燃。1米ドル＝100円を超える「超円高」が定着し、一段と広がり出したのです。

米国株、NYダウは世界金融危機の絶望の中で、09年3月に大底を打ちました。それは、米国の中央銀行であるFRB（米連邦準備制度理事会）がQE（量的緩和策）に踏み出したタイミングと重なったのです。

伝統的金融政策、非伝統的金融政策といった言い方があります。「伝統的」とは、基本的には政策金利を上げたり下げたりする政策です。これに対して「非伝統的」とは、政策金利がゼロになり、さらなる利下げが事実上できなくなったところで行う金融緩和といった意味になります。

FRBは08年12月にゼロ金利政策を導入、「伝統的」金融緩和カードを使い切った形となりました。ただそれでも株安に歯止めはかからず、年が明けると株安が再燃。NYダウは最高値の1万4000ドルから、ついに7000ドルを割り込み、半分以下になってしまいました。

こういった中で09年3月、FRBが決めたのが、長期国債を購入し大量に資金供給を行う、QEという「非伝統的」金融緩和策でした。ちなみに、この量的緩和の決定は日本のほうが「先輩」でした。ゼロ金利も非伝統的金融緩和も、デフレからの脱却を目指し、日本の中央銀行である日銀がＦＲＢより早く実行しました。

そんな日銀の量的緩和策を「中途半端だ」として批判したのが、ベン・バーナンキ氏です。バーナンキ氏はＦＲＢ議長として09年３月、「非伝統的」金融緩和策のＱＥを決めました。結果的にはそのタイミングでＮＹダウは６５００ドルで底を打ち、反発に向かいました。

バーナンキ氏は02年に、日銀の量的緩和策を批判する文脈で、「ヘリコプターからお札をばらまけばいい」と発言したことから、「ヘリコプター・ベン」のあだ名で呼ばれていました。

そんな「ヘリコプター・ベン」が率いるＦＲＢがＱＥという「非伝統的」金融緩和策に踏み出し、結果的に第３次までＱＥは行われることとなったのですが、その中で米国を含む世界的な株価下落は終わり、「１００年に１度の危機」からの脱出が始まったのです。

バーナンキＦＲＢ議長に対しては07年からの信用バブル崩壊、世界金融危機への対応が後手に回ったといった批判もあります。しかし、かつて自らが中途半端だと批判した日銀の金融政策を反面教師にしたような本格的な量的緩和策などにより、危機からの脱出を誘導した点は、やはり評価されるものでしょう。

ちなみに、第２章の「アベノミクス編」で書いたように、このバーナンキ議長のように、中途半端な日銀を反面教師にしたと思われるのが、アベノミクスの「主役」の１人、黒田日銀総裁でしょう。この黒田総裁の金融緩和は、やはり「バズーカ砲」とも呼ばれる本格的な量的緩和でした。

黒田氏は日銀総裁就任直後にバーナンキ議長を訪問し、「フォロー・ユー（私はあなたについていく）」と語ったといった話もありました。だからこそ、黒田総裁のことを米ウォール・ストリート・ジャーナル紙は「日本のバーナンキ」と評したのです。

このように新興国の台頭や先進国の「非伝統的」政策などにより、「危機」からの脱出を果たしたわけですが、量的緩和策、ＱＥは米ドル／円にも大きな影響を及ぼすところとなりました。

史上最大の為替介入

この頃、相場の先導役的存在とされていたヘッジファンドが、米ドル資金の急拡大に注目しているといった噂《うわさ》が囁《ささや》かれていました。ヘッジファンドは、日米のベースマネー比率と米ドル／円の関係に注目し、米ドル売り・円買いを虎視眈々と狙っているようだ、と言われていたのです。

ベースマネーとは、マネタリーベースとも呼ばれ、中央銀行が供給する資金のことを言います。ヘッジファンドが米ドル／円との関係で注目した日米ベースマネー比率は、かつて「ヘッジファンドの帝王」とされたジョージ・ソロス氏の名前から「ソロス・チャート」と呼ばれていました。

QEを大規模に実施することで、米国のベースマネーはリーマン・ショック後の3年でざっと3倍に激増しました。この結果、「ソロス・チャート」は、1米ドル＝70円を超えるほどの大幅な米ドル安・円高に向かってもおかしくないことを示唆していたのです。

そして世界的な株安が反転に向かう中でも米ドルは下落継続となり、09年末までに90円割れ、さらに10年に入ると、1995年に記録した80円という円の戦後最高値（米ドル最安値）を目指す動きとなったのです。

振り返ると、07年の1米ドル＝124円から、09年末の1米ドル＝84円まで、すでに40円もの下落となり、米ドルから見ると戦後最安値、円から見ると戦後最高値が視界に入ってきました。

ちなみに、1995年に1米ドル＝100円を超えて80円まで進んだ米ドル安・円高は、100円を超えたという意味で「超円高」と呼ばれました。まさに「リーマン・ショック」後も、「超円高」の再燃となっていたのです。

こうなるとマスコミの注目も高まり、日本の輸出企業に打撃を与える可能性のある「超円高」阻止に向けた日本政府の行動が関心を集めるようになりました。

しかし、**米ドル安・円高が米国の大規模な金融緩和が原因だということであれば、それを日本だけで止めることはできるのか**。そんな懐疑的見方もある中で、日本政府は円高阻止のための為替市場介入になかなか動きませんでした。

日本政府が初めての円売り介入に動いたのは、いよいよ1米ドル＝80円という円の戦後最高値に急接近した10年9月15日のことでした。

偶然か意識的かはわかりませんが、それはあのリーマンが突然の経営破綻となった08年9月15日から丸2年たった日でした。「100年に1度の危機」から何とか脱出できそうになってきた一方、日本経済には「超円高との戦い」といった新たな難問が浮上していることを、象徴的に示したエピソードだったかもしれません。

日本はこれまで、為替相場にとても敏感な国と言われてきました。なぜなら輸出大国で、貿易黒字大国といった時代が長く続いてきたからでしょう。海外駐在した知人が帰国すると、「外国では、日本みたいに朝昼晩のニュースで現在の為替レートなんかやらないよ」と話したりします。だからこそ**「為替相場に馴染みがある→FXが日本で人気となった」**のかもしれません。

そして相場に過敏な国柄だからこそ、為替相場を気にするあまり、他の政策が後手に回ることも少なくなかった可能性はあります。

たとえば、経済的な必要性は度外視して、円高なら円高を阻止するためだけに金利を引き下げた可能性があったわけです（将棋でいえば、飛車を可愛がって王将取られ、みたいな感じです）。

そのように「円高過敏」の日本で「超円高」再燃となったら、それをどう阻止するかという期待が高まるのは火を見るより明らかなところでした。

この局面で行った日本の通貨当局の為替介入は、以前とはかなり違うものでした。それは**何かというと、凄い規模でやったのです。１回当たりの平均介入額、１回の最高介入額ともに図抜けた数字でした**。

米ドルの最安値は11年10月末の１米ドル＝75円。財務省資料によると、そこで日本の通貨当局は１日で８兆円もの米ドル買い・円売り介入に動きました。最安値で８兆円もの米ドルを買った――ＦＸならレバレッジをかけなくても、いや２～３倍かけても、決して過大なリスクテークではないはずです。

介入という「政策」で、最安値の米ドルを巨額の規模で買うといったありえないトレードが、「リーマン・ショック」の終わりに起こったのです。その後、米ドルは15年にかけて１２５円まで上がりました。これが、ＦＸ大相場の１つ、「リーマン・ショック」前後の動きの「真実」でした。

「リーマン・ショック」の振り返り

「リーマン・ショック」とは08年9月15日に、米大手投資銀行のリーマン・ブラザーズが突然破綻したことをきっかけに広がった世界的な経済危機をさす。その約1年前から信用バブル崩壊が展開しており、リーマン破綻が引き金となって、一気に１９３０年代の大恐慌以来「１００年に1度の危機」に陥った。

為替相場においては円高が進展し、07年6月の1米ドル＝１２４円から09年末には84円まで急騰した。一方、比較的金利が高かった豪ドル（通称「オージー」）は底固い展開が続いたものの、原油相場が08年夏から急落に転じると、ほぼ半分に暴落し、ＦＸ史上最大事件の「オージー・ショック」となった。

危機収拾に向けて中国など政策余力のある新興国は金融・財政政策を発動し、「オージー円」は09年にかけて奇跡の復活を遂げたが、米ドル／円は一段の下落に向かった。

こうした中、バーナンキＦＲＢ議長は08年12月、政策金利をほぼゼロまで引き下げたほか、大規模なＱＥの実施に踏み切るなど大胆な政策を断行し、危機はようやく収束に向かった。

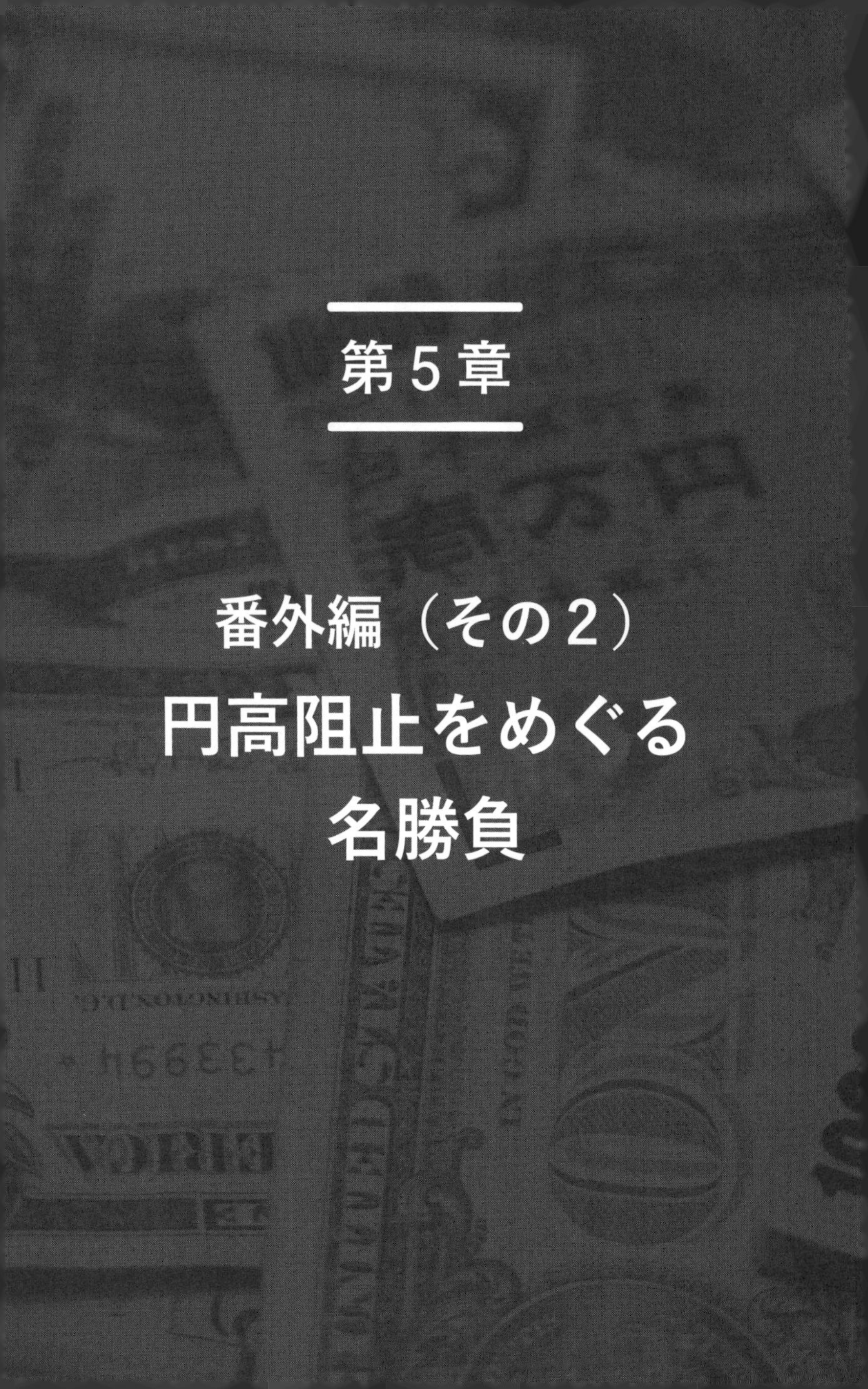

第5章

番外編（その2）
円高阻止をめぐる名勝負

「超超円高」の時代

第4章「リーマン・ショック編」の最後に、「リーマン・ショック」後に起こった1米ドル＝75円までの米ドル安・円高、「超円高」について書きました。伝統的に「円高過敏な国」日本では、円高阻止が大いに注目を集めるところとなってきました。そこで、ここでは円高阻止をめぐる「為替市場vs.通貨当局」の名勝負をいくつかとりあげてみたいと思います。

第1回目は、1米ドル＝75円、「超超円高」の攻防戦です。

1米ドル＝100円を超えた米ドル安・円高は「超円高」と呼ばれました。そんな「超円高」は、「リーマン・ショック」後の世界的な株安が一段落した後から、むしろ広がるところとなりました。

NYダウが2009年3月で大底を打ち反発に転じた動きを尻目に、米ドルは10年に入り、1995年に記録した戦後の米ドル最安値、円最高値の1米ドル＝80円を目指す展開となっていたのです。

こうした中で、日本では円高阻止策が次第に注目されてきました。その1つは、もちろん日本の通貨当局による米ドル買い・円売りの為替市場介入でした。しかし**90円、そして85円と米**

ドル安・円高が進む中で、円高阻止介入は沈黙が続きました。

日本政府は円高阻止に動く考えがあるのか？　疑問の声が上がり始めた中で、最初の米ドル買い・円売り介入実行となったのが10年9月15日、いわゆるリーマン破綻2年目のタイミングでした。

注目されたのが、米ドル買い・円売り介入の「額」でした。財務省資料によると、このときの**介入額は、２兆１２４９億円で、円売り介入額として当時としては過去最大だった**のです。

しかし、この為替介入にもかかわらず、米ドルの下落は続き、11年3月11日の東日本大震災なども経て、いよいよ戦後の円最高値（米ドル最安値）1米ドル＝80円を更新するところとなりました。

日本の円高阻止介入は、東日本大震災直後の11年3月18日に6925億円、同年8月4日に4兆5129億円といった具合に、回数的にはきわめて限られていましたが、一方で金額的には過去の実績の限度を超えるようになっていました。

そして同年10月31日、円が75円台で戦後最高値を記録した日（別の言い方をすると、米ドルが戦後最安値を記録した日）、財務省は8兆円という過去最大の米ドル買い・円売りを行ったのです。

それにしても、**10年以降の為替介入は、実質的には3回（10年9月15日、11年8月4日、同年10月31日）だけでしたが、その米ドル買い介入額は、歴代トップ3の規模でした。**そんな巨額の米ドル買いは結果的にはすべて安い米ドルを購入したこととなったわけですから、投資、トレードといった観点でも大正解だったということになります。

円高50円説も登場

11年に入ると未踏の米ドル安・円高が広がり始め、次第にこんな見方が増えてきました。「この円高は構造的な要因によるものなので、止まらないのも仕方がない。70円どころか、50円になってもおかしくない」

ここで確認したいのは2つの点です。ムーブメントとして、**極端なことが起こると、より極端なことを指摘する動きが出てくるケースが少なくない**ということ、そして**より極端なことを指摘する場合の根拠は、「構造論」が引用されることが少なくない**――ということです。それは「いつか見た光景」のようでもありました。

その光景とは1995年にかけて1米ドル＝80円という「超円高」が起こった時のことでした。有力経済誌が、ある大手オーディオ・メーカーを「ベスト・カンパニー」としたのです。**「超円高」は、普通は輸出競争力にダメージを与えます。それでも、その会社が、「ベスト・カンパニー」として業績を伸ばしていた主因は、海外生産比率が9割に達していたから、要す**

るに円高という為替の輸出競争力の悪化リスクを、限定的にとどめる体制を究極的に実現していたから、ということでした。

「ベスト・カンパニー」受賞を受けた社長インタビューは、こんなコメントになっていました。「海外生産比率を高めることは、日本国内の雇用にあまりに貢献していないといった批判を受けることがあります。しかし、この円高は構造的なものなので仕方がない。生産を国内に戻してほしかったら円安にして下さい。それができない以上、海外生産比率を高めざるを得ないじゃないですか」

ところが、米ドル安・円高はまさにこの頃がピークで、その後反転すると、98年には150円近くまで米ドル高・円安に戻ったのでした。

円高において、輸出競争力悪化を回避した海外生産という経営戦略は、予想以上の円安に対しては裏目に出たのです。この**「ベスト・カンパニー」は、構造的とした円高がほんの3～4年で大幅な円安になったために、大手電気メーカーから経営吸収されてしまいました。**

このようなことは、金融市場ではよく見かける風景だといってもよいかもしれないでしょう。循環的変化の説明が難しくなると、構造的変化論を持ち出す傾向があるということです。

しかし循環的変化と構造的変化とはそもそも次元が違います。それを同じ文脈で説明する動きが出てきた時、つまり1米ドル＝75円でも行き過ぎた円高の可能性があったのに、「行き過ぎではない。これは構造的変化に伴う円高なのだから、円安に大きく戻すことを期待するべきではなく、70円や50円になる可能性すらあることを想定して、対策を講じるべきだ」といった意見が出てきた時は、結果的に「転換点」であるということです。

日本の通貨当局はそんな「転換点」で、歴史的「逆張り」取引を行う形となったのです。

円高介入の初動はなぜ遅かったのか

「リーマン・ショック」後の円高局面で、日本の通貨当局が円高阻止の米ドル買い・円売り介入に最初に出動したのは2010年9月15日、1米ドル＝80円という当時の戦後円最高値（米ドル最安値）に急接近したタイミングでした。

ただし、それはある指標で見ると、円高阻止介入としてはもっとも遅い出動だった可能性があったのです。

図表は、米ドル／円の5年MA（移動平均線）からの乖離率に、財務省の資料に基づき、米ドル買い・円売り介入をフューチャーしたものです。これを見ると、まずわかるのは、円高阻止の米ドル買い・円売り介入は、基本的に米ドルが下がり過ぎ（円が上がり過ぎ）の局面で行われてきたということです。

米ドル／円の5年MAからの乖離率（1990～2020年）

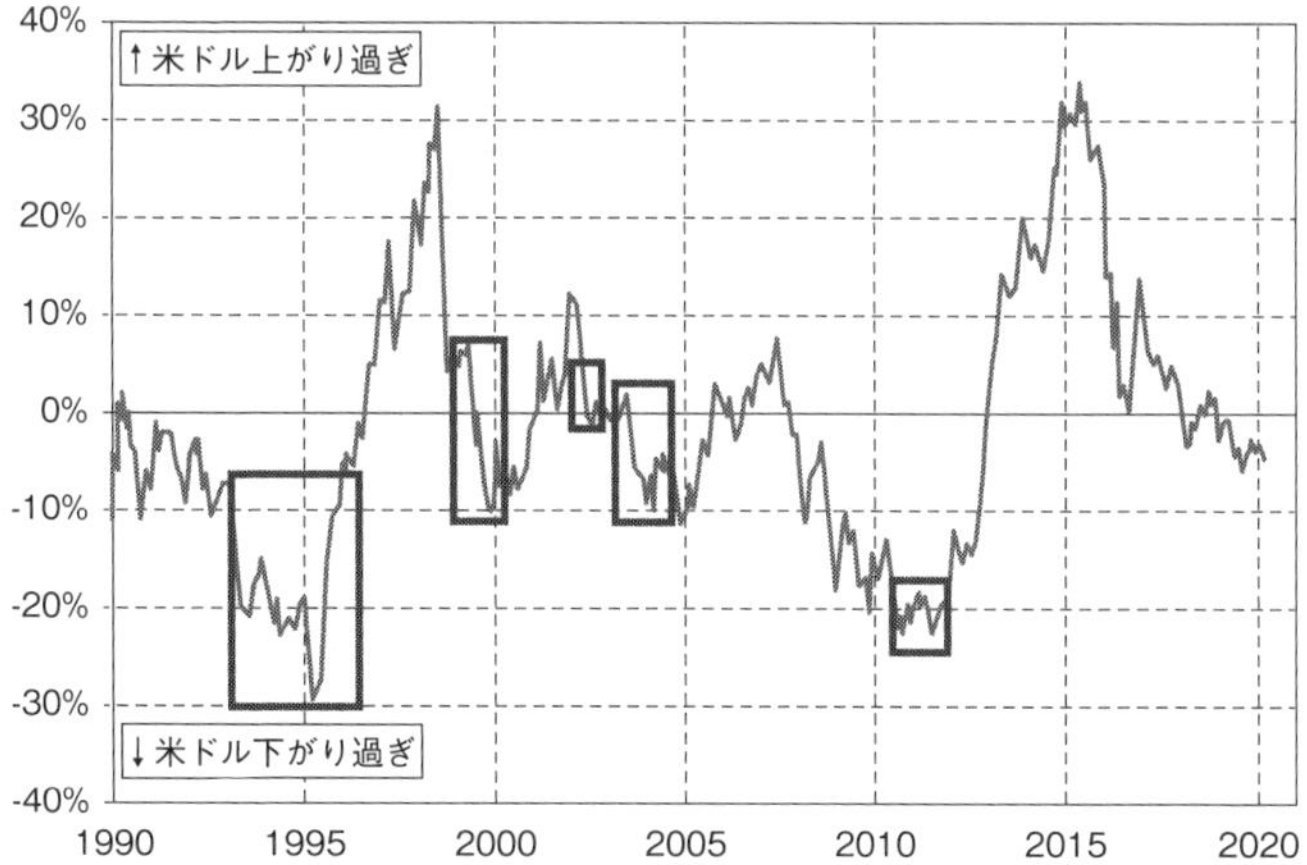

（リフィニティブ・データよりマネックス証券が作成）

これは、まったく当たり前のことで、円高阻止介入は、円高行き過ぎ（円が上がり過ぎ＝米ドルが下がり過ぎ）の局面で行われるものであり、そうでなければ過剰防衛として、国際的非難を浴びかねないでしょう。

ただそういった観点を踏まえた上でも、**「リーマン・ショック」後の円高阻止介入の初動は、結果的にかなり米ドルが下がり過ぎ（円が上がり過ぎ）になったタイミング、別の言い方をすると、経験的に米ドル買い・円売り介入出動のタイミングがもっとも遅かった**といえそうです。

なぜか？　それは、米国との関係があったのではないでしょうか。

10～11年にかけて、米国はリーマン・ショックを受けた危機対策で、予断を許さない状況が続いていました。それに対する「切り札」の1

つは、ＦＲＢ（米連邦準備制度理事会）によるＱＥ（量的緩和）でした。

米国の金融緩和は、米ドルの下落をもたらす可能性があります。その結果が円高ということは、米国の政策が円高を導いたのであって、（それが困るのなら）日本が単独で止める以外にないでしょう。

10～11年の円高阻止介入は、まさに日本が単独で動かざるをえない局面でした。円高を止めるために、米ドルを日本が買う（円を売る）ことを米国に黙認させる狙いで、米国が政策失敗の負い目を感じているであろう「リーマン・ショック」記念日（リーマンが破綻した日）を最初の介入日に選んだ、というふうに考えるのはうがち過ぎでしょうか。

また、**米金融緩和局面での米ドル安・円高の阻止に米国が協力する可能性はほとんどなかったので、介入金額が大きくなり、さらに、より米ドル安・円高が行き過ぎた（米ドルが下がり過ぎ・円が上がり過ぎ）局面を狙ったために、介入出動のタイミングが遅れた**ということではないでしょうか。そしてその介入は、結果的には成功したと評価してよかったのではないかと思います。

1米ドル＝75円という最安値で、日本の通貨当局は8兆円もの米ドルを購入しました。それが現段階（2020年10月時点）では「最後の為替介入」となっていますが、最安値の米ドルを、1回の介入額としては最大規模で購入したわけですから、投資成績の観点でも、「最後で最高の介入」となっているわけです。

では次に、ＦＸ開始前に起こった１９９０年代半ばにかけての「超円高」局面について触れてみたいと思います。

政治改革のきっかけとなった「超円高」

為替相場が固定されるのではなく、自由に変動するようになってから初めて１米ドル＝１００円を超える「超円高」が起こったのは、１９９０年代半ばにかけての頃でした。この時、記録した円最高値（米ドル最安値）は、95年4月の１米ドル＝79・75円（その後、記録を更新し、２０１１年10月に75円まで進んだ円高を、私は「超超円高」と呼んでいます）。

まず指摘したいのは、**「超円高」は、米国が政治的に仕掛けたことが原因となって拡大し、日本の政治体制が大きく転換するという甚大な影響を及ぼした**ということです。

きっかけは93年1月の米クリントン政権誕生でした。**クリントン政権は、89年のベルリンの壁崩壊に象徴される東西冷戦終結を受けて、優先的な政策課題として経済的不均衡の解消を目指し、当時、世界一の貿易黒字大国だった日本に対して円高を求めたのでした。**

東西対立の中で西側の中心だった米国は軍事費などを膨張させた結果、財政赤字が拡大。一方、経常・貿易収支の赤字も拡大し、「双子の赤字」が深刻な問題となっていました。このため東西冷戦の勝利を受けて、「双子の赤字」解消に取り組んだのがクリントン政権でした。

当時とても印象的だったのは、クリントン政権幹部たちの直截的な言動です。たとえば、与党・民主党の大物に下院議長を務めたトーマス・フォーリー（駐日米国大使）という人がいたのですが、彼に「強い米ドルを望むか？」と記者から質問が出た一幕などは、今でも鮮明に甦ってきます。

記者は「クリントン政権は日米の貿易不均衡是正で円高を求めているようだが、それは裏返せば米ドル安ということになる。これはつまり、米国の伝統的なストロング・ダラー（強い米ドル）政策の転換なのか」を問い質した、ある意味で「意地悪な質問」です。これに対するフォーリー氏の回答が「強い円を望む」。つまり、「強い米ドル政策は変わらないが、それ以上に貿易不均衡解消のための強い円を望む」というものでした。

最初のハイライトは、クリントン大統領就任後の最初の日米首脳会談でした。日本の総理大臣は宮澤喜一氏。戦後の日米外交に深く関わってきた超大物政治家の宮沢総理に対して、クリントン氏はまだ40代で、ある意味で若輩です。

会談終了後の記者会見に2人並んで向かう時の表情は、宮沢総理は満面ニコニコ、対するクリントン大統領の顔は強張っていました。そのクリントン大統領が最初に発したのが、「日米

ご購読ありがとうございました。今後の出版企画の参考に
致したいと存じますので、ぜひご意見をお聞かせください。

書籍名

お買い求めの動機

1　書店で見て　　2　新聞広告（紙名　　　　　　　　　）

3　書評・新刊紹介（掲載紙名　　　　　　　　　）

4　知人・同僚のすすめ　　5　上司、先生のすすめ　　6　その他

本書の装幀（カバー），デザインなどに関するご感想

1　洒落ていた　　2　めだっていた　　3　タイトルがよい

4　まあまあ　　5　よくない　　6　その他(　　　　　　　　　)

本書の定価についてご意見をお聞かせください

1　高い　　2　安い　　3　手ごろ　　4　その他(　　　　　　　　　)

本書についてご意見をお聞かせください

どんな出版をご希望ですか（著者、テーマなど）

郵便はがき

料金受取人払郵便

牛込局承認

9410

差出有効期間
2021年10月31
日まで
切手はいりません

162-8790

東京都新宿区矢来町114番地
神楽坂高橋ビル5F

株式会社ビジネス社

愛読者係 行

ご住所 〒 TEL:　（　）　FAX:　（　）			
フリガナ お名前		年齢	性別 男・女
ご職業	メールアドレスまたはFAX メールまたはFAXによる新刊案内をご希望の方は、ご記入下さい。		
お買い上げ日・書店名 年　月　日　市区町村　書店			

の貿易不均衡解消に第1に有効なのは円高だ」という一言だったのです。

あまりにストレート過ぎて、腰が抜けるほど驚いたことを覚えています。要するに、クリントン大統領の硬い表情なども、すべて演出だったわけです。この時は、貿易不均衡解消策をいくつか取り上げたのですが、「第1は円高だ」とするとインパクトがあります。

手前味噌になりますが、私はセミナーなどでは、冒頭に結論を話すスタイルを20年以上も基本にしてきました。最初に最も重要な結論をもってくると、聞く人たちにも響きやすいからです。

クリントン政権は「冷戦が終わったから、これからは経済問題に取り組む。その第1は日米貿易不均衡の解消だ。そのためには円高が有効である」――そういったとてもシンプルな理屈を、なるべくインパクトのある演出で伝えるように考えたのでしょう。

だから為替相場も素直に反応し、クリントン政権発足となった93年1月に1米ドル＝125円程度だった米ドルは、早々にそれまでの安値（円高値）を更新すると、同年8月には100円割れ寸前まで一段安（円一段高）となったのです。しかし、スンナリ100円を割れる「超円高」とはなりませんでした。それは、おそらく日本の政治体制の歴史的転換の影響があったのでしょう。

55年体制崩壊と「超円高」

米クリントン政権が、東西冷戦終了を受けて、政策優先度を経済に置き（その象徴的な名台詞《せりふ》が「It's the economy, stupid!（経済が問題だろう。わからないのか）」）、貿易不均衡是正で円高容認（要求）政策をとったことで、米ドル安・円高はとてもシンプルに進みました。

しかし、さすがに1米ドル＝100円という大台割れを前にして一息つくところとなっていました。

この90年代半ばにかけて「超円高」が展開する局面は、日本の政治においても歴史的な転換点でした。**当時の米ドルの価格は、まさに日本の政治体制の重大転換と密接に関係していた可能性があった**のです。

93年から急テンポで進んだ米ドル安・円高が、1米ドル＝100円という大台割れ前でブレーキを踏んだのは、自民党一党支配体制（いわゆる55年体制）が崩壊し、非自民連立・細川護熙内閣が誕生したタイミングでした（図表参照）。

そして、ついに100円を割る「超円高」が始まったのが94年6月。それは細川、羽田孜といった非自民連立政権が挫折して、社会党首班の連立政権が誕生したタイミングでした。

「超円高」局面の米ドル/円（1992〜98年）

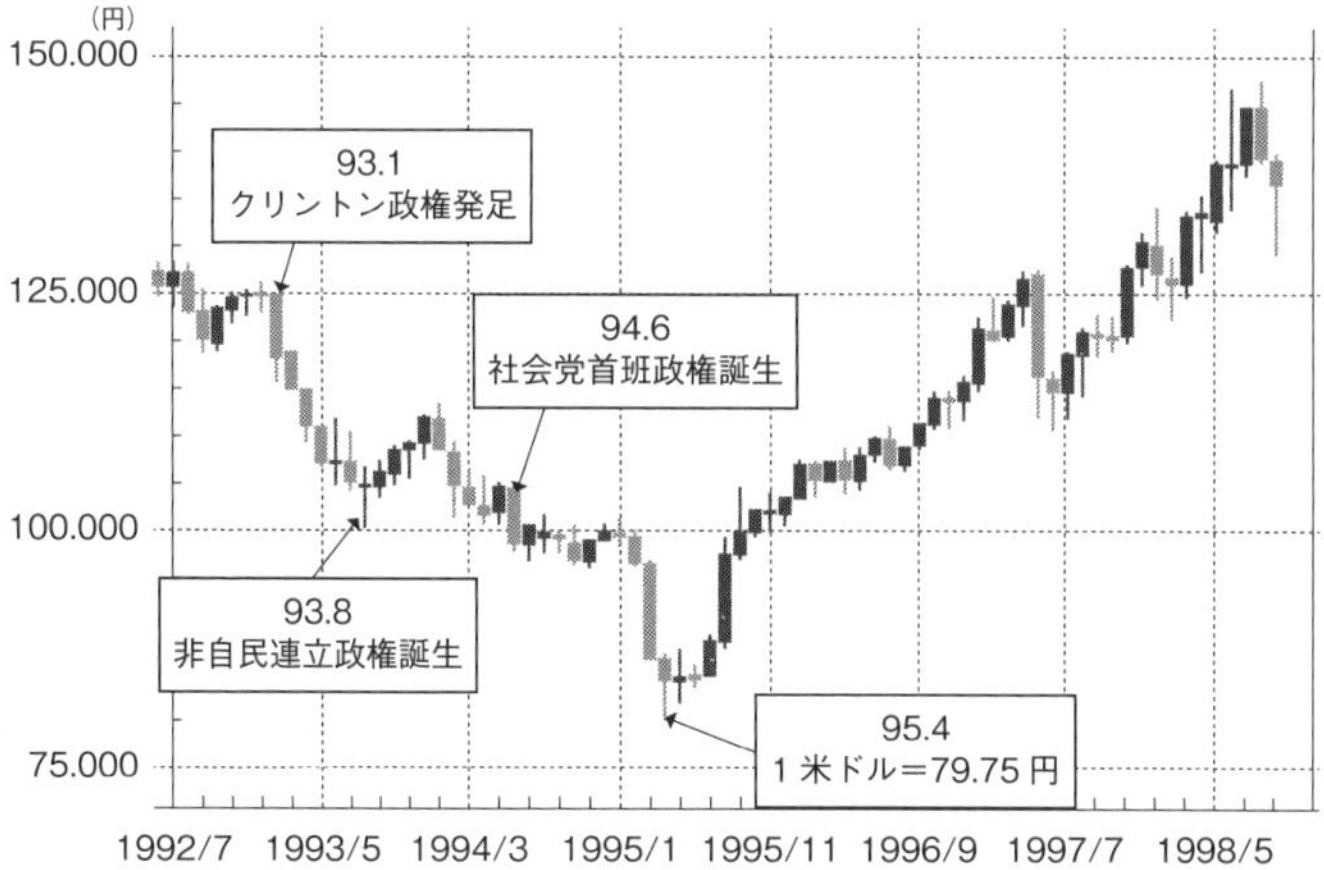

（マネックストレーダーFX）

1米ドル＝100円といった象徴的水準をめぐる攻防が、日本の政治史の重要局面と重なったのは偶然なのか、それとも何か意味があったのか。結論的に言うと、私は後者ではないかと考えてきました。

当時の最大テーマは、ポスト冷戦下での対外不均衡是正でした。自民党一党支配体制が長く続いた日本で果たして、不均衡是正は実行できるのかという見方がありました。その頃、改革派vs.守旧派といった対立軸が盛んに議論されており、冷戦下で恩恵のあった既得権益者（守旧派）は退場すべきだという意見が出ていました。そんなふうに考えると、**円高と日本の政治体制が連動したのは偶然ではなかったかもしれません。**

対外不均衡を是正するために始まった円高は、

冷戦下の日本の政治体制を崩壊させ、歴史的な社会党首班の連立政権誕生となったタイミングで、1米ドル＝100円を超える「超円高」についに踏み出したのでした。

社会党政権は自民党一党支配体制と同様の「守旧派」であり貿易不均衡是正が期待できない、だから金融市場が自ら暴力的に貿易不均衡是正を織り込む動きに向かった――それこそが「超円高」の本質だったのではないでしょうか。

相場はあくまで「藪の中」です。芥川龍之介の小説『藪の中』のように、答えはそれに関わる人たちそれぞれにあります。おそらく「超円高」についても同様でしょう。ある人は、米国が望んだからと思い、別のある人はチャート的な動きだと思うでしょう。結果が合えば「俺の思った通り」となるのですが、私は相場は生命があるかのように、予想以上に自身のテーマで動いている可能性があるのではないかと思っています。そうであれば、**相場の先行き予想は、ちょっと理屈っぽくなりますが、テーマの見極めがとても重要になります。**

では「超円高」時代に突入した日本はそれをどう脱出したのか。ある「ヒーロー」の登場を中心に、次に述べてみたいと思います。

米国の「円高要求」と「米ドル危機」

　１米ドル＝１００円を超えた超円高。しかし次第に米ドル安の色彩が強くなり、そのうち米国も困るほど、米ドル下落が止まらなくなってしまいました。

　これより10年前の１９８０年代半ば、Ｇ５（先進５カ国）財務相・中央銀行総裁会議でのプラザ合意を受けて米ドル／円が１米ドル＝２５０円程度から１年余りでほぼ半分の１２０円まで暴落したことがありました。これは、**実質的には米ドルの切り下げ政策だったので、Ｇ５が協調して米ドル売り介入を行い、強引に米ドルを押し下げるといった行動となった**のです。

　クリントン政権の円高容認政策は、「強い円を望む」とか「日米貿易不均衡是正に有効なのは円高」といった発言はあったものの、米ドル売り・円買い介入の具体的な実力行使はありませんでした。その意味では、プラザ合意の米ドル下落（円高）を求める意思がいかに強いものだったかがわかるでしょう。

　そんなプラザ合意後でも、やがて求めた以上に米ドル下落が広がり、「止まらない米ドル下落」が問題になっていったのです。では、「望ましい米ドル安」と「望ましくない米ドル安」の分岐点は、どのように考えたらよいのでしょうか。

米ドル／円の5年MAからの乖離率（1975〜2010年）

（リフィニティブ・データよりマネックス証券が作成）

基本的にケース・バイ・ケースであり、ピンポイントで指摘するのは難しいところです。目安となるのは**「望ましくない米ドル安」として「米ドル危機」のように報じられたのが、1つはプラザ合意をきっかけとした米ドル下落であり、もう1つが79年にかけて起こった「カーター・ショック」といわれる米ドル暴落でした。**「カーター・ショック」では、米ドル下落に歯止めをかけるべく米ドル防衛策をまとめるところまでいったのですから、「望ましくない米ドル安」と判断されていたことがわかるでしょう。

この2つのケースについて、米ドル／円の5年MAからの乖離率を見ると、ともにマイナス30％以上に拡大していました（図表参照）。これを参考にすると、**「望ましくない米ドル安」とは、過去5年の平均値を3割以上も下回る動きが目**

安になるかもしれません。

95年当時、米ドル／円の5年MAは1米ドル＝120円前後でした。それを3割下回る水準は、85円前後という計算になります。これを参考にすると、**日米貿易不均衡是正のために米政権は円高を求めたものの、1米ドル＝80円割れに迫る動きになる中で、むしろ「望ましくない米ドル安・円高」になってきた可能性があったと言える**のでしょう。

ちなみに、この5年MAを3割以上も下回る米ドル安は、「プラザ円高」以降は起こりませんでした。今回取り上げている「超円高」でもほぼギリギリで米ドル安は止まり、そして2011年にかけて起こった「超超円高」でも、米ドル安は5年MAを2割以上下回ったところで止まりました。

2020年4月時点で、5年MAは1米ドル＝110円程度ですから、それを3割下回るのは80円弱といった計算になります。要するに、**現在の状況に当てはめると、1米ドル＝80円割れに向かう米ドル下落が起こるようなら、「望ましくない米ドル安」となるかもしれません。**

では「望ましくない米ドル安」をどうやって止めたのか、説明したいと思います。

日米秘密交渉の「真の意味」

クリントン政権が日米貿易不均衡是正で求めた円高でしたが、金融市場はいつまでもおとなしく言うことを聞くようなところではありません。間もなくすると、求めた以上の円高、米国の立場からすると「望まない米ドル安」になっていきました。

日本は「望んでいなかった円高」、加えて米国も「望まない米ドル安」となると、日米の利害は基本的に一致します。そこでいくつかの日米による「秘密交渉」が展開されました。その1つが、**日本から米国に対して米ドル防衛策を求める**といったことでした。交渉当事者から私が直接聞いた説明は、以下のようなことでした。

「1980年代前半に米ドル高・円安が問題になり、米国側は日本に対して円安阻止策、すなわち円防衛策を求めてきました。しかし今回は攻守逆転。米国側が米ドル防衛策を検討するのが当然でしょう」

ある日本政府の「密使」(当時、大手証券会社の首脳)は、自民党首脳からの「密書」を託されていました。内容は、「米国が米ドル下落を止めるべく動く考えがないなら、日本は大量に保有している米ドル資産の処分に動くことも検討せざるをえない」という恫喝的なものでした。

私はその「密使」に直接、「本当に日本は米ドルを売る気持ちがあったのですか？」と聞いてみました。すると私の質問に対して「政治家の方々の考え方とは別に、長く金融市場に関わってきた私からすると、**大きく下がってきた米ドルをこんなところで売るのは、底値で売ることになりかねない**と思っていた」と答えたのです。

この一言はとても印象的でした。

「米ドル危機」とされた米ドル／円も、5年MAを3割以上下回ると、やがて底入れとなり、4割を大きく超えて下回ることはなかったのです。これは、相場の行き過ぎ、つまり**物事には限度があるといった「真実」**を教えています。

95年4月、1米ドル＝80円で「超円高」はピーク・アウトしましたが、これは米国が日本からのブラフ（脅し）に怯えて、米ドル防衛策をとったからではありませんでした。**なぜ「超円高」が一巡したかといえば、米ドル安・円高が「行き過ぎ圏」に入り、止まる「きっかけ」待ちだったからです。**

「ヒーロー」登場の舞台裏

「超円高」のピークは95年4月、ザラ場（日中の取引値）79・75円、日足終値80円でした。きっかけとなったのは、G7（先進7カ国）財務相会議の声明でした。声明は**「米ドル安相場を反転させることでG7が合意した」**といった内容になっていました。

そして、米ドル安・円高は止まったのですが、ただ「リバーサル」（米ドル高、円安への反転）はすぐには起こりませんでした。「反転」が現実になったのは、客観的に見てもやはりある人物の関わりが大きかったのでしょう。

日本の為替政策、通貨政策は財務省が主管します。その最高責任者は財務官、そしてナンバー2は国際局長になります。この財務省の通貨政策人事で95年夏、「サプライズ」が起こったのです。

「大蔵省（現・財務省）国際金融局長（現・国際局長）に榊原英資氏を任命」。それは、霞が関官僚人事のマスコミ報道では、まだ「さざ波」程度の扱いでした。

しかし、大蔵省をよく知る人たち、さらに榊原氏を知る人たちからすると、とても「さざ波」どころではない「サプライズ」でした。

当時、世界的にポスト冷戦で、旧体制からの変革が強く求められていました。その意味では日本の官僚機構、さらにその頂点に君臨していた大蔵省は「旧体制のど真ん中」でした。そんな大蔵省において、サプライズ人事の余地は極めて限られていたはずです。

榊原氏は、かつて政治家への転身も目指し、対米交渉では米国側から徹底的に嫌われたタフ・

ネゴシエーターで、エリート官僚の範疇から思いっきりはみ出た「異色官僚」でした。では、なぜ榊原氏が指名されたのか？

いろいろな説がある中で、最も有力だと思われるのは、**当時の日本における「政治革命」が影響した**ということでしょう。ポスト冷戦で、日本の政治をめぐって「改革派vs.守旧派」の争いが熾烈《しれつ》化しました。95年当時の政権は社会党首班の自社さ連立政権。そして大蔵大臣は、「小さくてもピリリと辛い」、スモール・イズ・ビューティフルを信条とした新党さきがけの代表、武村正義さんでした。

そんな武村蔵相の下で、事務次官だったのが「10年に1人の大物」とされた斎藤次郎氏でした。斎藤氏は、自社さ連立政権の最大のライバルである旧自民党の大物・小沢一郎氏との親密な関係が知られていました。

小沢氏も、自民党を飛び出した当時は「改革派のリーダー」として位置付けられていましたが、反自民党では一致しても、社会党や新党さきがけとは基本的に主義主張が異なります。こうした中で、日本の政治革命も「改革派vs.守旧派」から「親小沢vs.反小沢」のように変質していきました。

当時の大蔵省は、大臣が「反小沢」、事務方トップが「親小沢」という対立の構図にあったのです。大蔵省の幹部人事権は、基本的には事務方トップの事務次官にありますが、定例の夏の幹部人事を前に、武村蔵相は斎藤次官を解任します。そして人事権を握った**武村蔵相が行ったのが、「異色官僚」榊原氏の抜擢**でした。

「超円高」を超短期で脱出した謎

大蔵省国際金融局長というポストは、日本の通貨政策担当者としては、財務官に次ぐナンバー2。そのポストに榊原氏が抜擢されると、びっくりするほどのスピードで世界が驚くようなことが、次から次へと繰り出されたのでした。

私が思うにあの「スピード感」や意表をつく「サプライズ」の本質は、すこぶる榊原氏の性格ではなかったでしょうか。

榊原氏の局長就任からまだ1カ月も経っていない**95年7月7日、七夕の日に日米は協調金利政策に動きました**。米国が金利を上げ、日本は金利を下げる。この結果、金利差は米ドル優位・円劣位が拡大し、米ドル高・円安を後押しする形になりました。その上で、さらに米ドル高・円安へ誘導するべく、日米は協調して米ドル買い・円売りの為替市場介入に動いたのです。

そして息継ぎする間もなく、**8月に入ると日本からの対外投資を促す規制緩和策を発表**します。対外投資が拡大すると、外貨買い・円売りが増えることになります。それは米ドル高・円安見通しを強めることになるわけです。その規制緩和策の発表に合わせ、またまた日米が協調で米ドル買い・円売り介入に出動しました。

しかも、この日の日本の通貨当局による米ドル買い・円売りの介入額は、１日としてはそれまで最高だった３０００億円の倍、６０００億円にも上りました。**当時の介入は「受け身」、つまり米ドルが下がる（円高）ことを止めるスタイルが基本でしたが、榊原氏の介入は、米ドルが上昇（円安）になっても、さらにそれに追いうちをかけるように米ドル買いに動くといった、きわめて「攻撃的」なものでした。**

世界の金融市場関係者は、こう思ったのではないでしょうか。「日本人らしくないな。肉食的でまったく、油断できない男だな」

当時、私の知人が米国人のヘッジファンド関係者とゴルフをした時、ヘッジファンド筋がこう語ったそうです。**「君、わかるか。この相場の主役はサカキバラだよ」**

官僚とは公僕、英語で言えば、public servant。普通のイメージは「黒子」です。ところが、その「黒子」が「主役」になった。こんなふうに確認すると、確かに「異色官僚」だとわかるでしょう。

「サカキバラ快進撃」はとどまることを知りません。95年8月15日、日本的にいうと太平洋戦争の終戦記念日に、日米は最後の米ドル買い・円売り介入に出動（特に説明があったわけではないですが、これも意図的な感じがします）。そして翌9月には、ついに1米ドル＝100円を回復したのです。

円高は構造的なものだから仕方がない、それなら円安に戻ることを期待するより、円高を前提に考える必要がある――。そんなムードが漂っていた中で、それが一変しました。

財務省資料によると、100円を回復、別の言葉を使うと、「超円高」から脱却したその日の米ドル買い・円売り介入額は8000億円。前月に記録した米ドル買い最高介入額を早速更新し、「サカキバラをサカキバラが超えた」わけです。

ただ、介入額を改めて見てみると、当時のマーケットの印象とはかなり乖離があったと思われます。**マーケットでは、巨額の介入で強引に円高から円安へ転換させられた、という受け止め方をされていました。しかしその感覚に比べると、実際の介入は回数も金額も大きくありませんでした。**

以上から想像されるのは、円高阻止介入の米ドル買いと思ったのは、じつは市場参加者による米ドル売りの買い戻しが多かった可能性があったのではないかということです。うまく伝わるか微妙ですが、「自らの影に怯える」という感じの動きだったのかもしれません。

こうして1米ドル＝100円を回復し、「超円高」の解消を達成しました。榊原氏の国際金融局長就任から約3カ月後のことでした。私はこの快進撃の背景には、榊原氏が実力も伴わな

いほめ殺しのような「超円高」が嫌で嫌でたまらず、少しでも早くそんな状況を消し去りたいという思いもあったのではないかと思います。

円安歯止めの「ベンツェン・シーリング」

「超円高」を退治した男、世界中の投資家が「油断できない男」として、一種のリスペクトを抱いた男。そんな**榊原氏に対して、世界的なメディアであるNYタイムズ紙は「ミスター円」といった称号を贈りました**。

アベノミクスの主役、黒田東彦日銀総裁の場合は、世界的な経済紙、米ウォール・ストリート・ジャーナルが、「日本のバーナンキ」と称しました。

さて、この黒田氏と榊原氏は同じ財務官僚で、通貨政策の責任者である財務官ポストでは、まさに直系の先輩後輩。これはこれでちょっとした物語になりますが、今回は、待望の「超円高」是正後の「ミスター円」について述べてみたいと思います。

「超円高」を、ある意味では意外に早く卒業し、１米ドル＝１００円以上に戻った米ドルでしたが、96年に入ると、前年までとはうってかわっての小動きが続くところとなりました。

ただし、それこそは**第１章「トランプ・ラリー編」でも、第２章「アベノミクス編」でも述**

べたように、4年に1度、米大統領選挙年に起きる特有の為替相場の値動き、「アノマリー」通りだったといえるかもしれません。

米大統領選挙の年の米ドル／円は、選挙までは方向感のない小動きが続くものの、選挙前後からとたんに一方向に大きく動き、年初来の米ドル高か安値のどちらかを更新する——論理的には説明できないものの、これまで繰り返されてきたパターンでした。それを金融市場的には「アノマリー」と呼ぶわけですが、この**96年も、そんな「アノマリー」で説明できる展開となったのです。**

米ドル／円の一進一退の小動きで、下がると「榊原介入」への警戒、では上方向での警戒は何かといえば、一部の有力投資家の間で信憑性《しんぴょうせい》をもって意識されたのが「ベンツェン・シーリング」でした。

ロイド・ベンツェン氏は、クリントン政権1期目の財務長官です。クリントン大統領はポスト冷戦で日米不均衡是正のために円高を求めました。**政権発足の93年1月、1米ドル＝125円程度から米ドル安・円高拡大に向かいましたが、相場ですから一時的な反発もあり、それを牽制《けんせい》したベンツェン財務長官の発言があったのが1米ドル＝113円前後。じつは、これはクリントン政権として円安許容限度の「秘密の目安」になっていて、「ベンツェン・シーリング（天井）」とされた**のです。

この情報の発信元は、ヘッジファンドご用達の有力情報筋とされました。**90年代後半はポリティカル・エコノミー、つまり政治と経済が密接に関連する時代で、その中で相場にインフルエンス（影響力）のある政治経済情報が強く期待された**のです。

さて、113円以上は「ベンツェン・シーリング」、100円割れの「超円高」再燃は榊原介入が監視しているという結果、96年の米ドル／円は小動きが続いたのですが、そんな小動きに終止符を打ったのもまた「ミスター円」榊原氏でした。

「ミスター円」が円高是正終了を宣言

96年11月7日、米大統領選挙で現職・クリントン大統領の再選が決まった日、為替相場は大きく動きました。米ドルが急落したのです。そのきっかけが、「榊原発言」でした。ある金融専門誌に、榊原氏のインタビューが掲載され、同氏はこんなふうに述べたのでした。

「何か勘違いがあるのではないか」「もう円安誘導なんてやっていない」「円高是正も終わりつつあるのではないか」――。

前回までを読んできた人は「ビックリ」するのではないでしょうか。えっ、榊原さんは超円高を是正する人、「円安仕掛人」だったんじゃないの？　その人が「円安誘導はやっていない」

「円高是正（円安）も終わりつつある」とはなぜ⁉

そんな為替市場の「心の声」を反映したように、その日1米ドル＝114円台で推移していたのが、ほんの数十分で111円台へ急落しました。いずれにしても95〜96年当時の為替市場は、円安も円高も「榊原次第」の様相だったのです。これを象徴的に書いたのが、米有力株式専門誌「バロンズ」です。

「今週の世界の主役は、再選を果たしたクリントン大統領になるはずだった。しかしそのクリントンから主役を奪った人物がいた。日本の大蔵省・榊原局長だ」

世界中を驚かせた榊原氏の「豹変」の理由は何か。もちろん彼自身は「豹変」したつもりはまったくなかったのでしょうが、為替市場の反応はいかにも「梯子を外された」といった感じでした。では、榊原氏本人はどう思っていたのでしょうか。

「榊原ショック」のようになったこの日は、日本で内閣改造が行われた日でもありました。榊原局長の「ボス」だった大蔵大臣は当時、自社さ連立政権で社会党出身の久保亘氏でした。そして「榊原ショック」が起こった日が、ちょうど久保氏にとって「大蔵大臣、最後の日」でもあったのです。

私がその後、本人に取材したところ、久保氏はこんなふうに述懐しました。

「私の大蔵大臣最後の日に為替相場が大きく動いたものだから、榊原さんが飛んできました。

そして『私の不用意な発言でご迷惑をおかけしました』と言ってきたんです」。榊原氏はこの日のことを「不用意な発言」として、大臣に対して詫びていたのです。ただ久保氏は、それを言葉通りには受け止めていなかったようです。彼は、私の取材に対してこんなふうに説明しました。

「あんな頭のいい人が『不用意な発言』をするだろうか。だから私は、『為替・金融などの専門的なことは、あなたたちに任せているのだから、慎重にやってくれればそれでいい。評価は、後から自ずと歴史によって下されることになるでしょう』。そんなふうに言いました」

「超円高」脱出劇に主導的役割を果たした榊原氏は、米大統領選挙の結果が出た日に、円安牽制に動き、改めて「世界の金融市場の主役」になりました。

しかしそれを受けた円高は一時的なものでした。じつは**世界の金融市場は、「ポスト超円高」への新たなムーブメントが起きていたのです。**

米大統領選挙後の「根拠なき熱狂」

榊原氏が自ら「円高是正（円安）終了宣言」を行ったのが、ちょうど米大統領選挙の結果が判明した日だったというのは、やはり意味があったのではないでしょうか。

それこそ、何度もとりあげてきた米大統領選挙「アノマリー」と関係しているのではないでしょうか。

要するに「榊原発言」が、米大統領選挙の結果判明直後に行われたのは偶然ではなく、選挙に影響しないように、そこまで待ったということでしょう。それでなくても「ベンツェン・シーリング」で選挙前に円安が大きく進むなら、日米貿易問題が大統領選挙イシューになりかねない面もあったからです。

これまで繰り返してきたことですが、**大統領選挙前は、「世界のリーダー」を決める選挙に影響を与えないように慎重な対応に終始する。その結果、為替相場も手掛かりなくて小動きとなりやすい。ただ選挙終了後はそういった縛りから解放されることから、相場もそれまで溜まったエネルギーの放出に後押しされ一方向に大きく動きやすい**――。

これまで見てきたように、榊原氏はあたかも「豹変」したような円安牽制を、選挙結果判明後に行いましたが、じつはもう1つ、注目される発言がありました。発言主はアラン・グリーンスパン氏。当時、米国の中央銀行であるFRB（米連邦準備制度理事会）の議長だった人物です。

グリーンスパン氏は、FRB議長を19年も務め、「マエストロ（巨匠）」と称されるほどの著名人です。数々の名言でも知られますが、そんなグリーンスパン氏のもっとも有名な台詞が飛び出したのが、この大統領選挙から間もなくしてからのタイミングだったのです。

irrational exuberance、「この株高は根拠なき熱狂なのか?」。グリーンスパン議長は96年12月、そんな言葉で株高を牽制しました。榊原氏の「円安牽制」、そしてＦＲＢ議長の「株高牽制」。それらがともに出てきたことは、選挙への影響を考慮して発言を控えていたのが、選挙が終了したことで解禁になったということもあったのではないでしょうか。

　このため、為替も小動きから一転、一方向へ大きく動く相場に「豹変」しやすい、そんな「アノマリー」になっているのではないでしょうか。

　では選挙後は、それまでの小動きから一転して為替は円高、株は下落へ向かったか、というとそれは逆でした。むしろ**「ミスター円」（榊原氏）、ＦＲＢ議長といった為替と株のそれぞれの「スーパー・スター」の牽制発言にもかかわらず円高、株安は一時的にとどまっただけで、いよいよ一段の円安、株高の流れが始まった**のです。それは、後から振り返ると、ＩＴバブルとよばれる相場が始まっていたせいだったのでしょう。

さよなら「超円高」

　97年に入ると、米ドルは一段と上昇、クリントン政権がスタートした時の水準を超えて１３０円に迫る米ドル高・円安となりました。「円高は止まらない、構造的なものだから」と言われていたのに、**なぜ一転して「止まらない円安」となってきたのか。その理由の1つが日本経済悲観論**でした。

97年頃から、日本経済への悲観論が浮上すると、それは円売り材料となっていきました。これは根も葉もないことではなく、98年に入ると大手の証券会社や銀行の破綻が相次ぎ、日本経済はデフレといった、もがき苦しむ経済状態に追い込まれていったのです。

こんなふうに見ると、あの1米ドル＝100円を超えた「超円高」とは一体何だったのかと、改めて思います。「円高狂騒曲」とは幻だったのか、言いたくはありませんが「ほめ殺し」だったのでしょうか。

「止まらない円高」への対策が期待されたところから、ほんの1年余り過ぎた頃（97年11月）には、日本の通貨当局は一転して「止まらない円安」対策での米ドル売り・円買い介入に出動するところとなりました。

ところが、今度は介入しても円安が止まりません。98年4月10日、日本の通貨当局は1日の介入額としては、けた外れとなる2兆6000億円もの米ドル売り・円買い介入に出動しました。それでも円高への反応は限られると、**米ドル高・円安は一気に150円に迫る動きとなりました。**

これもまた為替相場なのです。ほんの3年前、日本政府が円高阻止介入を行ったにもかかわらず、米ドル安・円高は歯止めがかからない状況だったのに、今や真逆の展開となり、**「超円高」是正を託された「ミスター円」が円安阻止、いわば円防衛に動くところとなっていた**のです。

このような環境の激変には、米ドル側の要因もあったのでしょう。**グリーンスパン議長が「この株高は根拠なき熱狂なのか？」と牽制したにもかかわらず、株安への反応は限られると、いよいよ株価は一段高へ向かったのでした。それはＩＴバブルへの道につながる動きだった**わけです。

進化した「勝つ介入」

これまで円高阻止の名勝負として、過去2回あった攻防について書いてきました。1つは、戦後初めて「超円高」となった90年代半ばの局面、そしてもう1つは、それをさらに上回る「超超円高」となった２０１１年にかけての局面でした。

両者は、約15年もの時の隔たりがあったためかもしれませんが、とくに円高阻止の具体的な行動である為替介入では大きな違いがありました。

１９９５年にかけて1米ドル＝80円まで円高となったケースを「超円高」、そして２０１１年にかけて1米ドル＝75円まで円高となったケースを「超超円高」とします。そして両者の為

日本の主な為替介入

（単位:億円）

期間	累計額	回数	平均	最高額
1993/4〜1996/2	111,843	153	731	8,576
1999/1〜2000/4	106,708	20	5,335	14,059
2001/9	32,107	10	3,211	12,874
2002/5〜6	40,162	8	5,020	10,312
2003/1〜2004/3	352,564	138	2,555	16,664
2010/9〜2011/11	164,220	8	20,528	80,722

（財務省資料をもとにマネックス証券が作成）

替介入（円売り）を比較すると、介入の累計額は前者が11兆円、後者は16兆円と極端に違うものではありませんでしたが、**介入回数、平均介入額、1回当たりの介入最高額などでは極端な違いがあったのです**（図表参照）。

たとえば、介入1回当たりの平均額は、後者は前者のほぼ30倍、そして最高介入額はほぼ10倍でした。**同じ円高阻止姿勢でも、「超円高」と「超超円高」局面ではまったく手法が異なるものとなっていた**ようです。では、なぜそうなったのでしょうか？

それにはやはり、**榊原氏の影響を否定することはできない**でしょう。「超円高」局面の中でも、榊原氏が主導した頃から介入額は急増しました。**榊原氏自身はこれを「勝つ介入」**と表現しました。

ともすれば、それまでの日本の為替政策は、「国民の円高阻止期待を受けて介入しています」というような「アリバイ工作」のようにもとれるものでした。しかし「勝つ介入」とは、**日本経済のバブルが崩壊し、建前社会が通用しなくなり、名実ともに実力主義に移行した時代を反映していた**ように思います。

それから10年以上過ぎた「超超円高」局面での円売り介入は、回数が限定され、1回当たりの介入額も大規模化するといった具合で、「ミスター円」の介入以上に効率性を追求した形となりました。

それは、明らかに「勝つ介入」思想を引き継いだ結果だったのではないでしょうか。榊原氏は世界の金融市場参加者を驚かせるほどの「革命児」でしたが、その手法をさらに進化させた結果が、「超超円高」介入だったと言えるかもしれません。

ただ、皮肉な見方をすると、**「超円高」当時より、「超超円高」局面では、より効率性を意識せざるをえないほどに、日本経済に余裕がなくなり始めていた**とも言えるでしょう。

「超円高」大相場の振り返り

「超円高」は、1993年1月に誕生したクリントン政権が、ポスト「冷戦」を受け、日米貿易不均衡是正のために円高容認政策をとったことがきっかけとなった。それは日本の政治体制の転換にも大きな影響を与えた。

米ドル安・円高は急テンポで進むと、1米ドル＝100円の大台割れを前にいったんストップする。ちょうど日本の冷戦下の自民党1党支配体制（いわゆる「55年体制」）が崩壊し、非自民連立政権が誕生したタイミングだった。

しかし、日本の「ポスト55年体制」は迷走を重ね、結局、94年半ばに自社さ連立政権という形で「55年体制」が復活すると、米ドルは戦後初めて1ドル＝100円を割れ、「超円高」に突入した。95年には1ドル＝80円にまで達するが、それは為替市場が「日本の政治が自発的に日米貿易不均衡の是正に取り組むことは無理だ」と判断した結果とも言えた。

この円高阻止に辣腕を振るったのが、大蔵省国際金融局長に就任した「ミスター円」こと榊原英資氏だった。榊原氏は攻撃的とも言える介入を行い、「超円高」からの脱出に成功するが、世界の金融市場は「ポスト超円高」に流れに転換し始めており、日本経済悲観論の台頭やITバブルをきっかけに、「止まらない円安」へと一転した。98年に入ると大手証券会社や銀行破綻が相次ぎ、円は一気に150円に迫る動きとなり、日本は深刻な経済状態へ追い込まれていく。

第６章

ITバブル崩壊の真実

米株暴落で大幅円安となった謎

ITバブル崩壊とは何か。それは株式市場の場合なら、1995年に1000ポイントを上回ってきた米ナスダック指数が、2000年までの約5年で5000ポイント以上に急騰したものの、その後の2年半で7割以上も暴落し、1000ポイント台に戻った出来事でした。

1929年から起こった**世界恐慌での米株暴落などとともに、代表的な株バブル崩壊相場の1つ**とされています。

ところで、FX（外国為替証拠金取引）は98年からスタートしたので、このITバブル崩壊の株暴落は、FXがスタートしたばかりのタイミングで起こったものでした。では、そんな**世界的な株暴落、別の言い方をすると、リスクを回避するリスクオフ局面において為替相場はどんな動きになったかといえば、大幅な円安が進行したのです。**

株暴落、しかもその主役はITの中心地である米国なら、米ドルも下落しそうですし、リスクオフ局面では、「安全資産」の円が買われやすいといったことを、何となく聞いたことはありませんか？

なぜ、リスクオフでは円が「安全資産」として選好されるかといった疑問はずっとありますが、確かに結果としてそうなることが多かったことは事実です。たとえば、「リーマン・ショック」の株暴落局面でも、それを含む信用バブル崩壊とされた局面でも、継続的に株安が展開したリスクオフ局面では、為替相場は円高が展開しました。

最近の代表的なリスクオフは、世界中を驚かせた英国の国民投票によるEU離脱賛成、つまり2016年6月の「Brexitショック」でしょう。この結果を受けて世界的に株価が暴落すると、それを横目で見ながら、為替相場は1米ドル＝100円割れへ、米ドル安・円高となったのでした。

こう見ると、確かに株暴落、リスクオフ局面では円高になることが多かったわけです。ところが、**ITバブル崩壊では円安、しかも比較的大幅な円安が進行するところとなりました。**

少し具体的に見てみましょう。**ITバブル崩壊の株安局面とは、基本的にはナスダック指数が00年3月の5000ポイント台から、02年10月に1000ポイント台まで、約2年半で7割以上下落した局面のことを言います。この当時の為替相場は、00年1月の1米ドル＝101円から、02年3月に135円まで米ドル高・円安となった**のです

2年余りで30円以上もの米ドル高・円安、そして絶対水準としても130円以上の円安は、その後、現在（20年10月）に至るまで起こっていません。なぜ、代表的な株バブル崩壊相場とされるITバブル崩壊局面で、「リスクオフの円高」といった「教科書」とは反対の円安、し

かも大幅な円安となったのか。それこそが、まさにＦＸ大相場の１つであるＩＴバブル崩壊相場における「謎」といえるでしょう。

ところで、このＩＴバブル崩壊は、ＦＸがスタートして間もないタイミングで起こりました。このため、私がＦＸ投資家向けの情報発信（リポートやセミナー）を本格化させたのもこの頃でした。

今でもよく覚えているのは00年3月、東京・高輪のあるホテルの会場で行ったセミナーでした。お客様は50名くらいだったでしょうか。そこで私はこんなふうに話し始めました。

「最初に結論を言います。米国株のバブル崩壊が始まった可能性があると思います。ただ、だからこそ、×××の理由から、経験的には３カ月以内に米ドル高・円安への大きな動きが始まる可能性があると思います」

今から思うと、このセミナーこそが、その後の私のＦＸとの関わりを決めたように思います。結論的に言うと、このセミナーで私が予想したことは、結果的に的中した形となりました。

株安だからこそ通貨高

株安・リスクオフ局面では円高になりやすいというのが基本的認識でしょう。ところが３大株バブル崩壊相場の1つとされる、その意味では**代表的リスクオフ相場だったITバブル崩壊局面では、為替相場は大幅な円安となった**のです。

ではセミナーで私が語った、この「×××」の部分は何か。私はこんな話をしました。

「過去のバブル崩壊とされる株暴落局面における為替相場の動きを調べたところ、震源地の通貨は、当初は株と一緒に下落するものの、3カ月以内に下落は一巡し、その後はむしろ下がる株価を尻目に、通貨は上昇に向かうのが基本です」

そういった経験を参考にすると、米国発のITバブル崩壊相場が始まったならば、為替相場はむしろ米ドル安・円高が短期間で一巡し、米ドル高・円安に向かう可能性が高い、そんな予想を述べたのでした。

私が「過去のバブル崩壊とされる株暴落局面」として参考にしたのは、主に1987年10月からのブラックマンデー（暗黒の月曜日）と呼ばれたNY発世界同時株暴落と、90年1月からの日本経済のバブル崩壊に伴う株暴落の2つでした。

当時の米ドル／円の動きを見ると、**株暴落の震源地の通貨は、暴落直後こそ一緒に下落しましたが、それは3カ月以内といった具合に短期間で一巡、その後はむしろ通貨高に向かっていました**（図表参照）。

では、**なぜ本格的な株安局面で、その震源地の通貨が上昇に向かったのか。それについて、**

米ドル／円と株暴落の関係（1987〜93年）

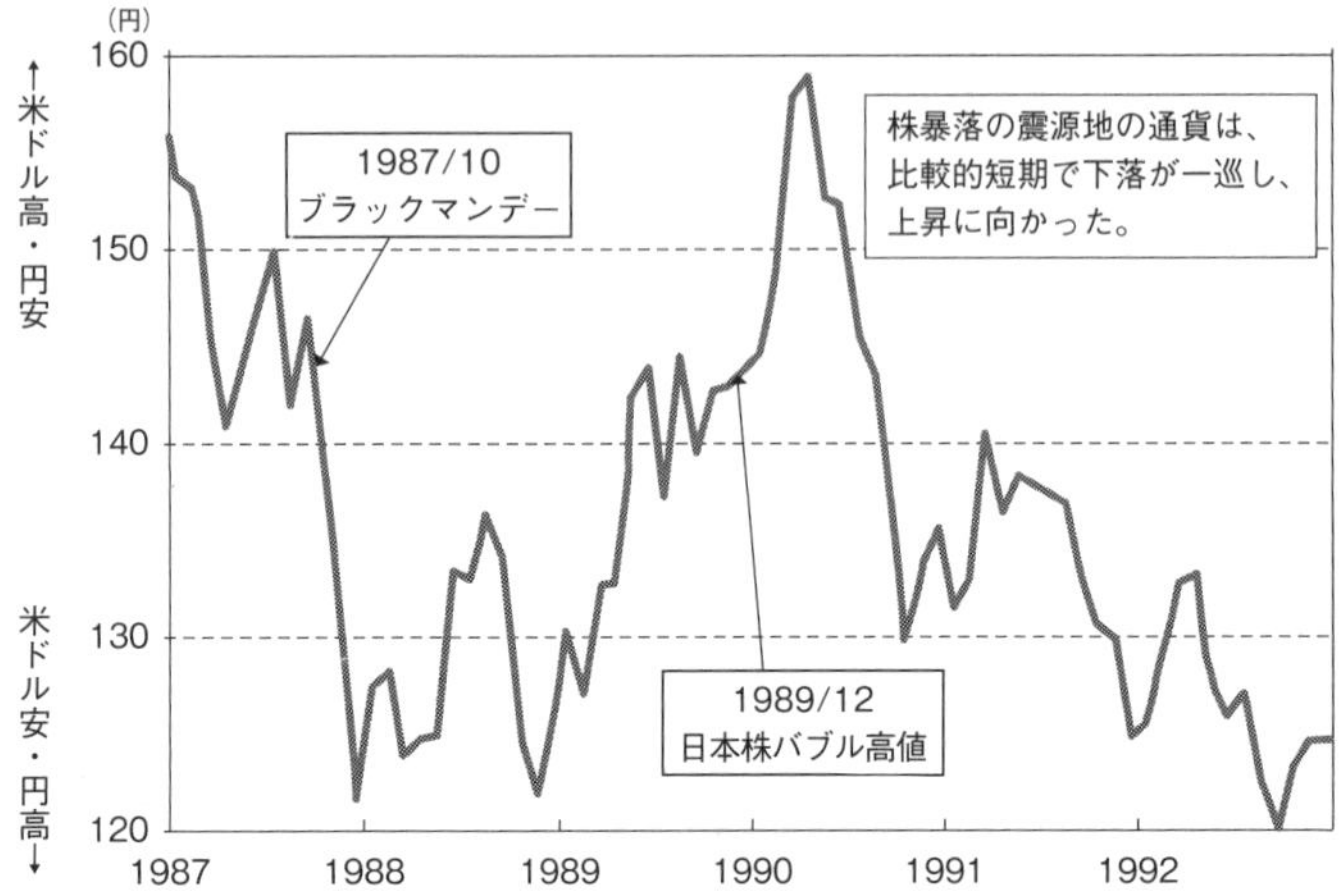

（リフィニティブ・データよりマネックス証券が作成）

私はセミナーで「レパトリエーション（資本の母国回帰）の影響ではないか」と述べました。

株価が大きく下落すると、株安当事国の企業などは損失を埋めるべく、内外の投資を引き揚げます。このうち外国への投資の引き揚げは、自国通貨買いになります。これをレパトリエーション、資本の母国回帰といいます。それが、バブル崩壊のような本格的な株安局面で起こった結果、通貨は上昇に向かったわけです。今回も、米国株のバブル崩壊が始まったと考えているからこそ、米ドル安は限定的で、間もなく米ドル高に向かっていくのではないか——。それが、私がＦＸ投資家向けのセミナーでお話ししたメイン・テーマでした。

結果的に**２０００年３月から米ナスダック指数の暴落が始まったものの、米ドルは３月に１**

米ドル＝１０２円で、１月に記録した１０１円台の底値を更新することなく２番底を確認すると（「底値＝１番底」更新に至らないことを「２番底」といいます）、本当に上昇（米ドル高・円安）へ向かっていったのです。

米ドル高になったもう1つの理由

ＩＴバブル崩壊局面では、その主役となった米ナスダック指数は約2年半で7割以上もの暴落となったものの、米ドル相場は、１米ドル＝１００円程度から１３０円を超えるまでの大幅高（大幅な円安）となりました。

なぜＩＴバブル崩壊相場で逆の結果となったか。それについて私は「本格的株安局面でのレパトリエーション（資本の母国回帰）の影響」を根拠に予測し、見事、的中したということを説明しました。それに加えてもう１つ、こんな影響もあったのかもしれません。

ＩＴバブル崩壊の始まりは、基本的には00年に入ってからとなりますが、それ以前に為替相場は急激な米ドル安・円高が起こっていました。具体的には、米ドルは１９９８年7月の１米ドル＝１４7円から、２０００年1月には１０１円まで約1年半で50円近くも暴落（円高）となっていたのでした。

米ドル／円の5年MAからの乖離率（1985〜2010年）

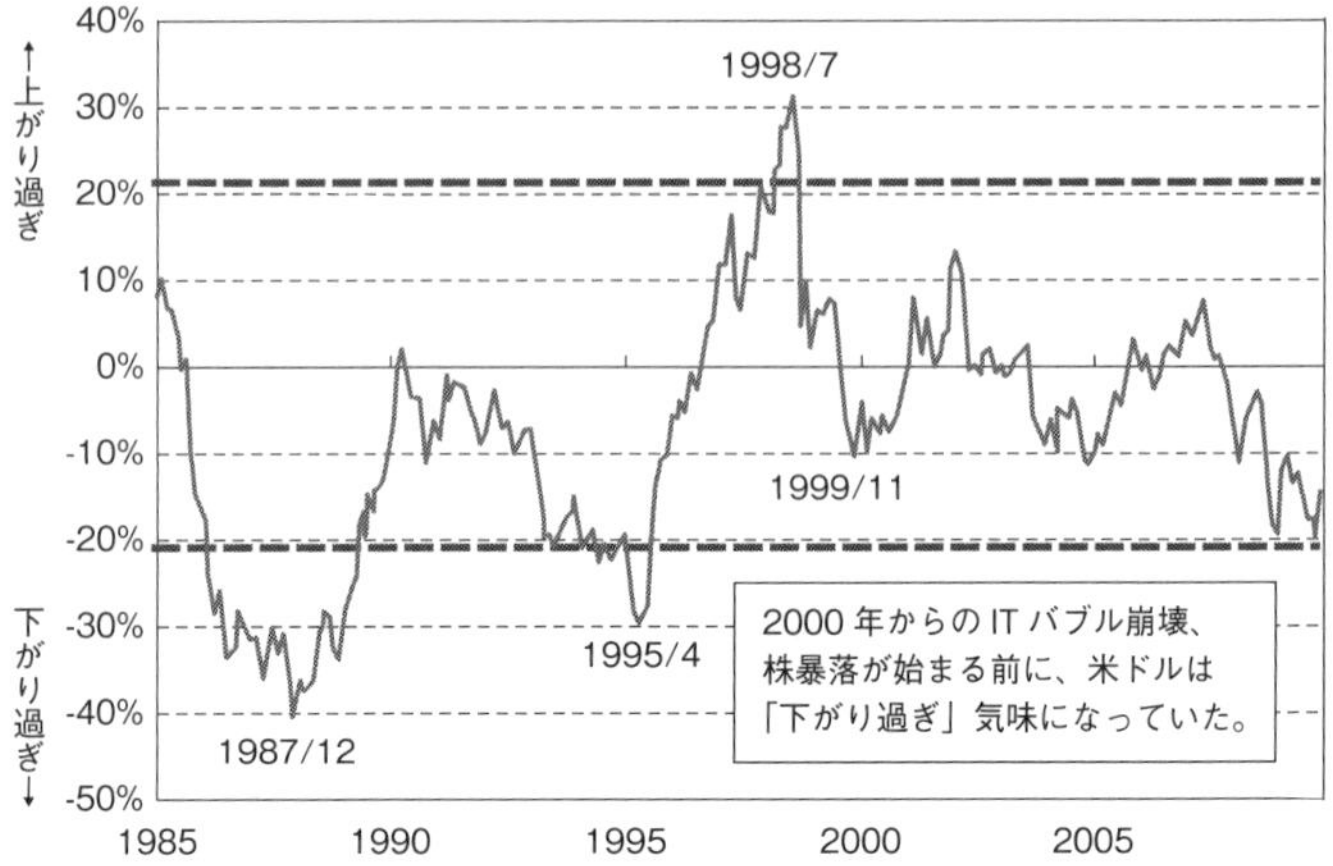

（リフィニティブ・データよりマネックス証券が作成）

その結果、米ドル／円を5年MA（移動平均線）からの乖離率で見ると、**ITバブル崩壊の株安が始まる前には「下がり過ぎ」、円から見ると「上がり過ぎ」気味になっていた**のです（図表参照）。

リスクオフでは「安全資産」として円が買われやすい。その理由に今一つ納得いかなくても、「リーマン・ショック」でも「Brexitショック」でも、事実として円高となっていました。ましてや、米国発のITバブル崩壊の株安なら、米ドルこそが下がりそうです。

にもかかわらず、なぜITバブル崩壊では、米ドル安・円高ではなく、むしろ大幅な米ドル高・円安に向かうところとなったのか。それに対するもう1つの答えは、**株安・リスクオフが始まる前に円高となっていたため、さらなる円高より、むしろ反動から円安に向かうところと**

なったのではないかということです。

私はこのような視点も、為替相場を考える上ではとても重要だと思います。たとえば、「リーマン・ショック」、その前の「信用バブル崩壊」と呼ばれたリスクオフの株安が始まる前までは、為替相場は円安傾向が続いていました。だからこそ、株安・リスクオフの本格化により、円安の反動による円高が広がったということではないでしょうか。

私が言いたいのは、**単にリスクオフ＝円高、リスクオン＝円安といった、予《あらかじ》め決まった法則があるということではなく、きっかけが出る前の相場状況がとても重要**だということです。

このケースに合わせて言うなら、リスクオフでは確かに円が買われやすい要素はあるとしても、その前に円安が続いていた場合なら、その反動の円高はより大きくなる可能性がある。逆にそれ以前から円高となっていた場合は、さらなる円高の反応は限られ、逆に円安へ向かう可能性があったのではないか、ということです。

為替相場を見る中でよく経験するのは、注目イベントの影響です。たとえば**注目の経済指標が良かったら買われ、悪かったら売られるかというと、じつは必ずしもそうではなく、逆に動くこともあります**。

話が少し横にそれますが、これについて、私がよく例えとして説明するのは08年12月、あの「リーマン・ショック」最中に、ＦＲＢ（米連邦準備制度理事会）が、米国史上初めてゼロ金利政策を決定した局面についてです。

ゼロ金利政策、つまり政策金利を実質的にゼロまで引き下げる「究極の利下げ」を行ったら、米ドルは急落しそうですが、実際には逆で、いったん米ドルは急反騰に向かったのでした。それは「リーマン・ショック」で、すでにこのゼロ金利決定前までに米ドルが急落、「下がり過ぎ」になっていた影響が大きかったからだと私は考えました。

要するに**相場とは、注目材料の結果が出てから「ヨーイドン」で動くのではなく、「下がり過ぎ」か「上がり過ぎ」か、結果が出る前の偏《かたよ》りが、その後の方向性にもかなり影響する可能性がある**ということです。勝負の行方は、勝負前に手掛かりありありといったことですが、うまく伝わったでしょうか。

「大反乱の船出」となったFX

私は00年に入ってからITバブル崩壊の株暴落が始まる直前まで、米ドルの暴落が起こっていたと述べました。具体的には、1998年7月の1米ドル＝147円から、2000年1月の101円まで、下落が続いたのでした（図表参照）。

ところで、1998年とはまさに個人投資家の為替取引、FXが始まった年でした。つまり、

米ドル／円の週足チャート（1998〜2000年）

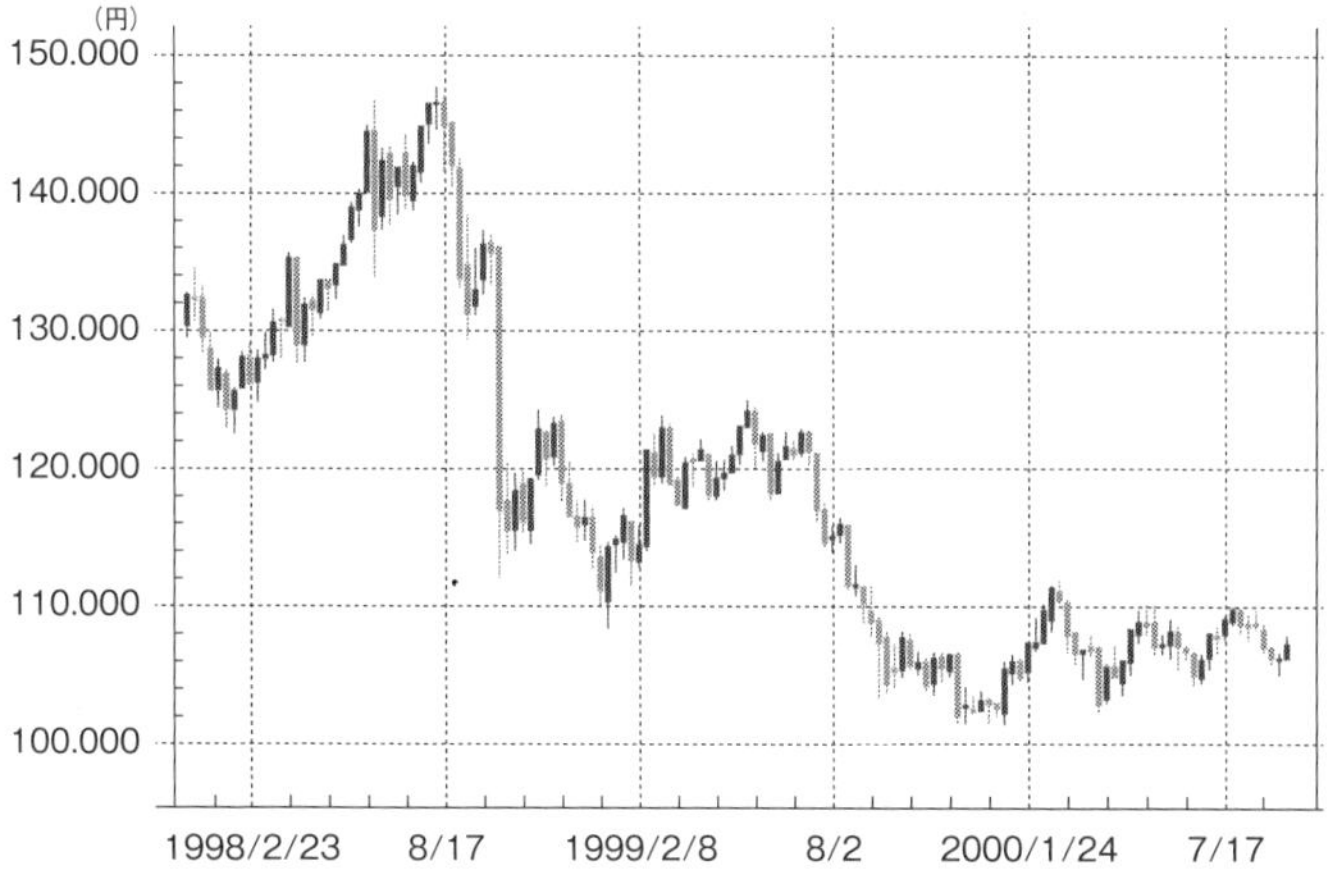

（マネックス・トレーダーFX）

FXがスタートしてから間もなく、米ドルは約１年以上も暴落となっていたのです。一般的に、FXの投資家は、円より金利の高い外貨の買い志向が強いと考えられています。ところが、そんな外貨の「王様」のような米ドルがFXが始まってから間もなくして大暴落となったのです。

その意味では、**FXはまさに「大波乱の船出」だった**わけですが、ITバブル崩壊前夜に何があったかについて述べてみたいと思います。

FXは98年4月の外為法改正を受けて始まりましたが、本格的な取引がスタートしたのは10月頃からでした。ところが、そんな**FXにとって記念すべき98年10月に、米ドルは早速、「FX史上最大の暴落」**となりました。

10月第2週、１米ドル＝１３６円でスタートした米ドルは、一時１１０円割れ寸前まで、最

大で25円程度もの大暴落となりました。暴落は特に6～8日の3営業日に集中し、1日で10円程度もの暴落が連日繰り返されたのでした。

なぜFXはスタート直後にこんな大波乱相場に巻き込まれることとなったのか。それについては、もちろん始まったばかりのFXに責任はなかったと思います。ちょうど世界経済や相場の転換期に、結果としてFXのスタートが重なってしまったということだと思います。では、その「世界経済や相場の転換期」とは？

これについて述べる上で、次の名台詞《せりふ》が欠かせないと私は思います。米国の中央銀行、FRBのトップ、グリーンスパン議長が語った一言です。

「米国経済だけが繁栄のオアシスでいられるのか？」

前にも書きましたが、このグリーンスパンという人は名台詞が多いのです。それが「疑問形」になるのも1つの特徴です。たとえば、グリーンスパン議長の最高の名台詞は、すでに紹介した96年12月の「この株高は根拠なき熱狂なのか？」でした。やっぱり疑問形でした。

「米国経済だけが繁栄のオアシスでいられるのか？」というグリーンスパン発言があったのが98年7月のことでした。この言葉からわかるように当時、米国以外、日本や欧州などは経済的な苦境にありました。

世界経済における最大の問題は97～98年にかけて起きたアジア通貨危機でした。日本は通貨危機ではありませんでしたが、98年〜99年にかけて大手証券会社や銀行の破綻が相次ぐ金融危機に見舞われました。そういった中で、米国経済は「ニューエコノミー」と呼ばれる歴史的な長期景気回復局面にあったのです。

ただ、それはいつまで続くのか？　これを指して語ったのが、「米国経済だけが繁栄のオアシスでいられるのか？」といった言葉だったのです。そして、その懸念はすぐに現実のものとなりました。世界経済が急転換に向かい、それを受けて株式などの相場も急落し、始まったばかりのFXも激変に見舞われたのです。

天国から地獄へ

FXが始まったばかりのこの相場は、「やっぱりFXは怖い」というダーティ・イメージになったのでしょうか。それとも、まだ始まったばかりだから、高い米ドルを買うより、大きく下がって「バーゲン・セール」のように安く米ドルを買える、といったしたたかな人もいたかもしれません。どちらにしても、**FXが始まったばかりの頃の為替相場は、めったにないほど派手に大きく動くといった強烈な印象を残したでしょう。**

それにしても改めて、なぜFXが始まった年に、為替相場は円安から円高への大転換となったのか。

それは、**98年は米ドルはすでに記録的に「上がり過ぎ」（円は「下がり過ぎ」）だったことが大きかったと思います。米ドル／円の過去5年の平均、5年MAからの乖離率は85年以降で見ると断トツの米ドルの「上がり過ぎ」を示していました**（図表参照）。

そういった中で、この行き過ぎが修正されるきっかけが、「米国経済だけが繁栄のオアシスでいられるのか？」といった発言だったのです。だから、米ドル急落は一気に広がったということだったのでしょう。

加えて、**98年8月にはロシアが自国通貨、ルーブルを突然切り下げ**ます。これは金融市場の新たな展開にとって重要な要因でした。

9月に入ると、大手ヘッジファンドの経営不安に関する噂が広がりました。これは根も葉もないことではなかったのですが、よりによってその経営不安の当事者がＬＴＣＭ（ロング・タームキャピタル・マネジメント）でした。

ノーベル経済学賞受賞の2人の学者が中心となって運営してきた「負けない、不敗のヘッジファンド」なのに、ロシア・ルーブル切り下げなどで、巨額の損失を抱え込んでしまったようだ、という観測が流れて、相場に反映されるところとなっていったのです。

大手ヘッジファンド、ＬＴＣＭの破綻。これに前後して、金融市場では信用不安が急拡大し、

米ドル／円の5年MAからの乖離率（1985〜2010年）

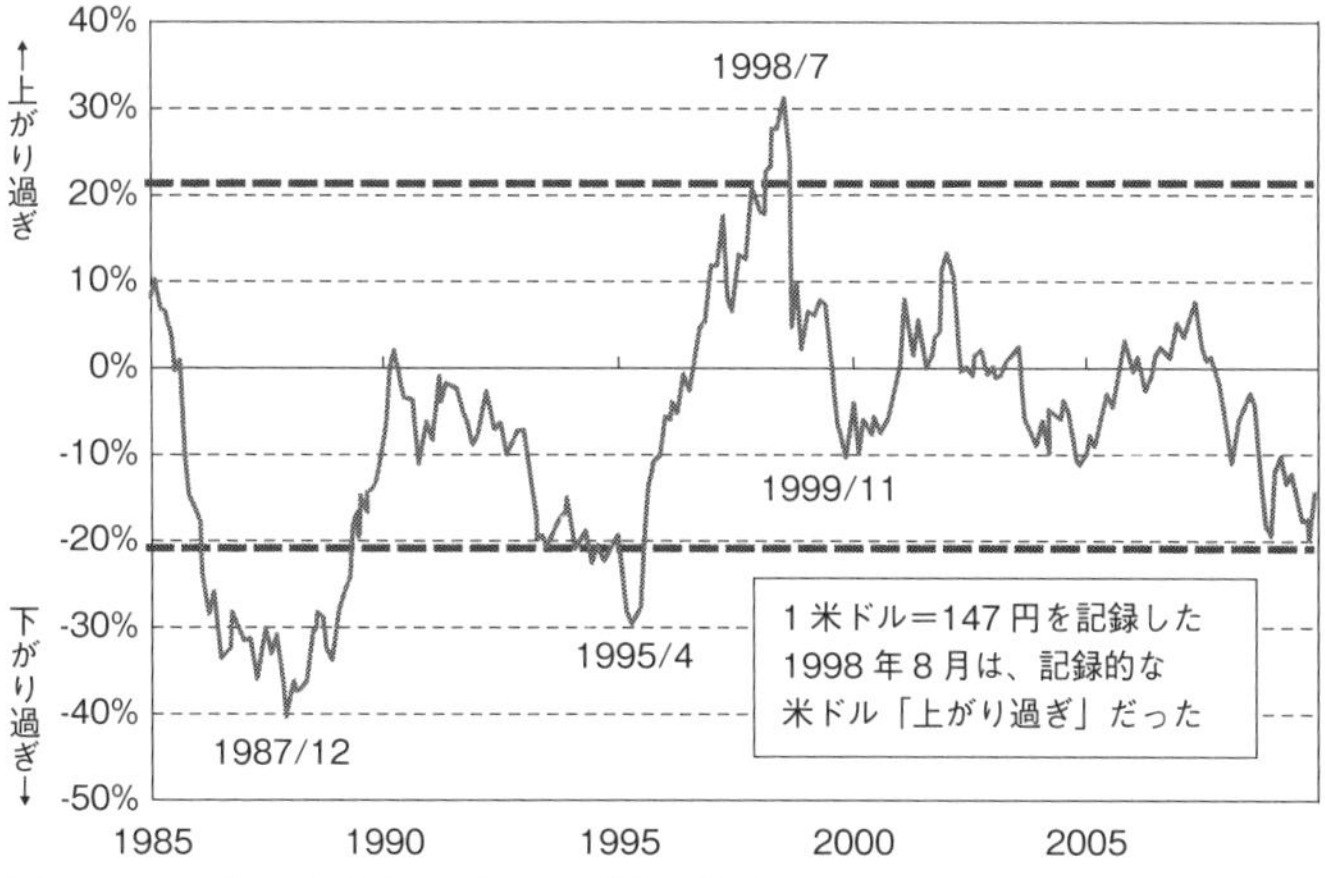

（リフィニティブ・データよりマネックス証券が作成）

株価も急落。グリーンスパン議長は金利引き下げで対応しますが、金融危機はさらに中南米にも波及し、「中南米ショック」が起こります。

10月にワシントンDCでIMF（国際通貨基金）などの国際的な金融ネットワークの定例会議が開かれます。そこでメイン・スピーカーだったグリーンスパン議長は、**「モーニング。普通、こういう席ではグッド・モーニングというべきでしょう。ただ、今の私はとても〝グッド〟という気分にはなれない」**と述べました。

世界経済は楽観から悲観へ、より強い言葉を使うなら、天国から地獄へ「豹変」が起こっていたのです。その緊張感を示す発言として、私は「モーニング発言」がとても印象的でした。

米ドルの「上がり過ぎ」、それをもたらした「米国経済だけが繁栄のオアシス」といった状況の

「豹変」。こうした中でFX史上最大の暴落が起こったということでしょう。

怒涛の暴落相場

98年10月6～8日のたった3営業日で、1米ドル＝135円程度から110円割れ寸前まで、約25円の大暴落となったきっかけは、大手ヘッジファンドが米ドル買いで巨額の含み損を抱えているようだといった噂でした。この頃、米ドルは8月の147円から約3カ月で10％程度下落していました。高いところで買った米ドルの損失が拡大したため、このヘッジファンドから大量の米ドル「投げ売り」が始まる可能性がある——。これを警戒し、米ドルは下落。そして米ドルが下がると、新たな「投げ売り」発生の影におびえるようにさらに暴落。そんなふうにして、ほんの3日間で110円割れ寸前まで大暴落となったのです。

一方で、**この年の6月には、日米が協調して米ドル売り・円買いの為替市場介入に出動**していました。1米ドル＝145円を超える米ドル高・円安となった動きに対して、経済実態から極端に乖離した「行き過ぎた」為替水準になっている可能性があることを警告する意味だったのでしょう。

これまでに米ドル／円の5年MAからの乖離率を見ましたが、日米協調介入が行われた頃は、確かに記録的な米ドルの「上がり過ぎ」、円の「下がり過ぎ」、つまり米ドル高・円安が「行き過ぎ」だった可能性があったことがわかりました。

私がつくづく感じるのは、政策当局は「親」のポジションに似ているかもしれないということです。要するに、当局も親も「やり過ぎ」と思ったらブレーキを踏む。でもブレーキがきかないこともある。では、「ブレーキがきかない相場」はどうやって止まるかといえば、クラッシュ、何かにぶつかって止まる以外ありません。

似たような局面に、その後も私は何度も遭遇しますが、この98年の円安から円高への転換も、基本的にはそれと同じでした。

日米協調の米ドル売り介入でも、米ドル下落が限られると、改めて米ドル買いが再燃、介入前の米ドル高値を更新し、8月には147円を記録しました。

買いたいけど買えない人が多いまま、上がり続けた相場は、少し下がると待ち構えたような買いが殺到してまた上がる。そういったことが続く中で、本来買う必要もないような人の買いも増えて、相場はいつしか「買われ過ぎ」になります。

しかしそのような相場は、ある「一線」を超えると、もう買う人はいなくなり、むしろ買った人の「投げ売り」だけの展開になってしまいます。第4章の「リーマン・ショック編」で書いた「オージー（豪ドル）・ショック」は、まさにそんな構図でした。

そして豪ドルどころか、世界で屈指の取引量の多い米ドルですら、売り注文に対して、買い注文がほとんどないといった状況が出現したのです。その結果が、ＦＸ史上最大の暴落相場をもたらしたということではないでしょうか。

そんな「怒涛の米ドル安・円高」でしたが、98年10月で一服しました。たった3日間で25円も暴落した相場が、そんな簡単に下げ止まるものなのかと思われます。しかし、実際には下げ止まったのです。後から振り返ると、それは束の間の出来事にすぎなかった、というそんな総括になるかもしれません。**「ＦＸ元年」である98年の円高は一段落したのですが、99年になると改めて円高は再燃しました。そしてこのような円高と対峙したのが、約10年後に日銀総裁として円安相場の「主役」を演じることとなる黒田東彦財務官でした**（これは、もう少し後に書きたいと思います）。

ＩＴ主導の株高が急拡大

まだ始まって間もなかったＦＸを急襲した98年10月の米ドルの大暴落は1米ドル＝１１０円割れ寸前でブレーキを踏み、そして一時は１２０円台を回復するまで反発しました。なぜそうなったか？　当時はなかなかわからなかったのですが、今ならよくわかります。**ＩＴバブルと**

呼ばれた世界的な株高が始まっていたからでした。

98年10月当時、世界的な金融危機への懸念が拡大していました。「米経済だけが繁栄のオアシスでいられるだろうか？」とグリーンスパン議長が述べたくらい好調だった米経済でしたが、海外発の混乱の波及を阻止するべく「保険」として、9~11月にかけて3カ月連続で利下げを行ったのです。

「FED（FRBの略称）エクスプレス」、英フィナンシャルタイムズ紙が世界的な宅配便をもじって、そんな見出しをつけたFRBによる電光石火の動きが奏功し、株価暴落は一段落。それどころか反発に転じると、あっという間に暴落が始まる前に記録した最高値を更新するところとなりました。

そんな株価の急反発の主導役こそがIT銘柄のウェイトが大きいナスダック指数でした。ちなみに、**NYダウは98年9月の安値7000ドル台から、2000年1月には1万2000ドル近くまで約5割上昇したのですが、ナスダック指数は、ほぼ同じ期間に何と3倍近くになったのです。**

何と言っても、史上初の**2000ポイント突破から、たった1年程度で5000ポイント突破に向かった**のですから、その勢いの凄さがよくわかるでしょう。**突如襲った世界的な金融危機が、今度は一転して「ニューエコノミー」の主役、IT株の主導によって世界的な株高が急**

拡大する。こんなふうに書いても、98年から99年にかけては、世界経済が目まぐるしい勢いで右往左往したことがよくわかる気がします。

こういった中で、当時の日本はどうだったかといえば、大手の証券会社や銀行が相次ぎ破綻するなど金融機関の経営不安が広がっていました。それに加えて、98年の年末にかけて新たに浮上したのが国債価格の急落、国債利回り（長期金利）急騰といった問題だったのです。

この日本の長期金利急騰のきっかけとされたことはいくつかあったのですが、今から振り返ると、ＩＴバブルの株高が日本にも波及し、「株高→金利上昇」圧力となっていたということが基本だったようにも思います。

それはともかく、長期金利とは国債の利回り。そんな長期金利の上昇は、国債価格の下落という意味になります。「止まらない金利上昇＝止まらない国債価格の下落」、それは国債を大量に保有する金融機関にとって新たに重大な問題となり始めたのでした。

長期金利上昇に歯止めをかけなければ、金融機関の経営破綻が一段と加速しかねない。でも、どうしたら良いのか？　こういった中で**99年2月、日銀が出した答えが、先進国史上初のゼロ金利政策の採用でした。政策金利を下げることを利下げといいますが、その政策金利を実質的にゼロまで引き下げる、「究極の利下げ」です。止まらない金利上昇、狂った金利上昇は、この日銀による「究極の利下げ」決定により、ついに止まるところとなりました。**

世界的な金融危機を、FRBの電光石火の利下げなどでシャットアウトし、株価はITバブルによって株高に急転換し、そして日本では「究極の利下げ」が行われたことによって、米ドルは110円程度から120円台半ばまで反発しました。

ただ、ITバブルの株高がクライマックスに向かう中で、米ドルは途中でそれに追随することを止めて、急落が再燃するところとなりました。そんなITバブル下の円高局面に登場するのが、黒田財務官だったのです。

「超円高」再来か

今から振り返ると、**99年はバブルの株高がクライマックスに向かった年でした。そんな株価と為替が袂《たもと》を分かち、米ドルが下落に向かい始めたのは6月に入ってから**でした。

きっかけは、日本の景気指標発表でした。6月初めに発表された99年第1四半期経済成長率は、「どうせダメだろう」という諦めムードに包まれていたのですが、驚くほど良い数字、「ポジティブ・サプライズ」となったのです。

この頃の日本経済は低迷が長期化し、大手金融機関の経営破綻が相次ぎ、いよいよデフレへの転落が始まりそうになるなど、まるでダメダメだらけでした。98年にかけて1米ドル＝

150円近くまで米ドル高・円安となったのも、日本経済を見限り、資本が流出を始めて、いわゆる「悪い円安」と受け止められていました。

ところが、そんなところで「ポジティブ・サプライズ」となったのです。これは、行き過ぎた日本経済悲観論を修正するきっかけとなりました。この結果、海外投資家による日本株投資が拡大し、それに伴う円買いが円高をもたらすことになったのです。

ところが、ここで「おやっ」と思うことがありました。**1米ドル＝125円程度から米ドル安・円高に向かい始めると、大蔵省は早々と120円前後から円高阻止の米ドル買い・円売り介入に出動した**のです。

いくらなんでもちょっと早過ぎるんじゃないか、そう感じさせる円売り介入でしたが、それについては、せっかく日本経済に改善の兆しが出てきたところで、早過ぎる円高によってそれが台無しにならないような「予防的」介入だという説明が基本でした。

それにしても、日本からの資本流出に伴う「悪い円安」が指摘されていたことからすると、日本に資本が回帰することに伴う円高は「良い円高」のように思いますが、それに対してもすぐにブレーキを踏んでくる早技でした。

その「予防的」な円売り介入を指揮したのは「ミスター円」こと榊原英資氏です。通貨政策の事務方ナンバー2の国際金融局長（現・国際局長）から、この頃はナンバー1の財務官となっていました。

「ちょっと早過ぎるんじゃないか」。為替市場にそんな戸惑いもある中で、さすがに「ミスター円」の神通力か、榊原財務官が指揮をとっている間は、米ドル安・円高も足踏みを続けました。しかし、間もなく榊原財務官は勇退し、そして後任の財務官になったのが黒田東彦氏です。

あのアベノミクスの株高・円安相場では、日銀総裁として「主役」を演じることになった黒田氏ですが、99年当時は世界の金融市場において、「ミスター円」のほうが断然「大物」扱いでした。それをまざまざと示すかのように、**「ミスター円」が退場し、指揮官が黒田財務官に交代すると、介入はあたかも弾き飛ばされるように米ドル安・円高が止まらなくなり、2カ月もしないうちに米ドルは110円を割るところとなった**のです。

やはり、「ミスター円」以外では円高は止められないのか、再び1米ドル=100円を超えた「超円高」が再来するのか。黒田財務官はこのピンチをどう乗り切ったのでしょうか。

「アベノミクスの主役」の前触れだった!?

「さすがは黒田さん」と思うのは、日本単独の円売り介入で効果がないとわかると、すぐに頭を切り替えたことでした。**黒田財務官は、日本単独がだめなら協調のサポートを使う手段に動**

いたのです。

99年9月、「ミスター円」の財務官退任からまだ2カ月が過ぎたばかりなのに、米ドルは110円を大きく下回り、いよいよ100円を目指す動きとなっていました。そうした中で開かれたG7財務相・中央銀行総裁会議で、「日本の円高懸念を共有する」といった一文が入った共同声明を発表したのです。

こういったケースでよく言われるのは、日本の円高阻止に対してG7の「お墨付き」をもらったということです（私個人はこういう解説は嫌いで、巨額の資金が飛び交う相場の世界で、一銭も使わない言葉だけの「お墨付き」にどれだけ意味があるかと思うのですが、例外的にこのケースについては、それほど嫌いではありません）。

この局面の為替市場介入を見ると、ダラダラとはやらず、たまにしか介入はやっていませんでした。財務官就任直後の99年7月に介入をやり、それが効かないとなると、次はG7声明が出た9月、その次は11月といった具合でした。ダラダラやるのは、「一生懸命やっていますが、ご覧の通りなかなか止まりません。ご免なさい」といった、いかにも「アリバイ工作」のようですが、**黒田財務官の場合、やってみて効果がなければ次はやらない、別の新しいことをやってみて、それでもダメなら、また工夫する**という形でした。

G7声明は99年9月と2000年1月と2回連続で、「日本の円高懸念を共有する」という一文が入りました。当時もその後も、米ドル以外の通貨が特定される（シングル・アウト）ケースはほとんどありません。マスコミではこれが大きく取り上げられました。

あの手この手を繰り出す中で1米ドル＝100円を超える「超円高」の再来は回避されました。「ミスター円以外では円高は止められないのか?」といった雑音に対しても、黒田財務官はしっかり結果で答えた形となりました。それは、これから10数年後の「アベノミクスの主役」となる前触れだったようにも思います。

後手に回されたゼロ金利解除

黒田財務官が主導した99年の円高阻止策は、**日銀の金融政策やITバブル崩壊にも大きな影響を及ぼした可能性がある**と私は考えています。

ITバブルの株高がクライマックスに向かった99年、日本では「早過ぎる円高」回避が優先課題になっていました。世界的な株高に引っ張られ、日本もいよいよ景気回復に向かい出した中で、それを円高が台無しにすることを阻止する。結果的にそれを主導したのが黒田財務官でした。ただこれは、**日銀の金融政策にも重要な影響をもたらした可能性があったと思います。**

ITバブルで世界的に株高が広がる中、米国も利上げを検討し、実際にこの年の6、8、11

月と3回の利上げを行いました。これに対して日銀内部にはこんな考え方がありました。「米国は98年の金融危機で緊急避難的に行った緩和の解除に動いている。それなら、日銀も99年2月のゼロ金利という緊急避難措置の解除に動くタイミングではないか」(当時の日銀幹部)。

ところがこの時、日本政府は「予防的」とはいえ円高阻止の為替政策に動いていました。さらに99年の秋以降は、そんな円高懸念をG7でも共有するところとなりました。これは、日銀の立場からすると、**「ゼロ金利解除という利上げはやりにくい」**という思いにさせたのではないでしょうか。

「外国からも協力を得て、みんなで円高を止めようとしている中で、なぜ日銀は円の金利を上げて、それをぶち壊す気なのか。日銀は空気が読めないのか」といった非難がいかにも強まりそうだったからです。

「円高過敏国」では、通貨政策を優先するあまり、金融政策が後手に回される懸念があります。

この頃の黒田財務官は、大蔵省という立場において、結果的に日銀の政策を「縛る」ことになった可能性があります。「大蔵省のエース」と呼ばれた黒田氏は財務官を3年務め、当時としては記録的な「3年財務官」となるわけですが、その間、議論になっていた日銀法改正、日銀の裁量権拡大に結果として抵抗したように見えます。

そういう黒田氏が2013年、日銀総裁に抜擢されたわけですが、以上のように見ると、日銀側にはかなり複雑な思いがあったかもしれません。

少なくとも、1999年2月に日銀が行ったゼロ金利政策、その解除が遅れたことに伴うドタバタ劇は、日銀関係者たちからするととても放念できないものだったと言えます。

遅ればせながらゼロ金利解除を実行したのは、2000年8月のことでした。当時、相場は1米ドル＝110円程度まで米ドル高・円安に戻していました。「円高過敏国」にとっては、円高リスク後退が利上げ条件の1つとなります。

日銀としては、1年も待たされた待望のゼロ金利解除でしたが、それは最悪のタイミングになった可能性がありました。ちょうどその頃、ITバブル崩壊の株暴落「第2幕」の局面を迎えようとしていたのです。

その意味では、**「後手に回った日銀のゼロ金利解除」は、結果的にはITバブル崩壊の株暴落第2幕のトリガー役となってしまったのです。世界的に株暴落が急拡大する中で、「待望のゼロ金利解除」から半年もしないうちに、日銀はゼロ金利復活に追い込まれたばかりか、史上初めて量的緩和にも踏み出すことになりました。**当時の日銀執行部はどんな思いをしたか。屈辱的な気持ちになったのではないでしょうか。

歴史に「ｉｆ」はありませんが、ゼロ金利解除が後手に回らなければ、経済へのダメージはもっと違ったかもしれないと思ってしまいます。これらは「円高過敏国」が招いた、政策判断ミスだったのではないでしょうか。

相場は「循環する」

さて、これからITバブルとその崩壊について述べたいと思います。金融市場の主戦場は、株式市場においてはNYダウより、IT関連銘柄の多くで構成された米ナスダック指数です。その**米ナスダック指数は、98年末に2000ポイントの台替わりを果たすと、それから1年余りで5000ポイントも突破、何と2・5倍以上になった**のです。

「ああ、それはバブルだ。そんなことあり得ない株高じゃないか」と、あなたは思いますか。それこそが、相場とは上がったり下がったりするもの、つまり循環論からの感想なのです。具体的には、「一定期間内の上昇、下落には自ずと限度がある」→「1年余りで2・5倍になるなんてありえない」→「ありえないことはバブル」。

それは、とても正常な判断だと思います。ただ、これまでに何度も述べてきたように、循環論での説明が困難になるケースは、基本的には「行き過ぎ」の可能性が高いのですが、「行き過ぎ」とは予想以上であり、そして予想外の結果となる可能性が高いため、「これは今までになかった現象」として、構造的変化を根拠にすることが多かったと思います。

そもそも、循環論での説明を超えるくらいの相場になってくると、シンプルな「行き過ぎ」との見方は低下し、「新発見」「新時代」との説明が増えてきます。このケースにおけるその代表例は、**「ニュー・エコノミー論」**でした。

99年にかけて米景気回復局面が最長となったのは、ITビジネスに主導された、これまで経験したことのない経済状態、つまり「ニュー・エコノミー」によるところが大きい――というわけです。

ITの出現により、米経済に生産性の拡大が起こった。それが過去最長の米景気拡大をもたらしたといったあたりまでは、とくに違和感を覚えることではないと思います。

ただ、それと相場とは別です。**ITの登場による米経済の生産性の拡大、「ニュー・エコノミー」自体は、まったくおかしい感じはしません。だからといって、上昇であっても、下落であっても永遠に続くことはありえません。相場においても永遠はなくて、常に終わりがあります。**それこそが「循環する」ということなのです。

米ナスダック指数は、2000年3月に天井を打つと、その後暴落に向かいました。「ニュー・エコノミー」論は間違いでなくても、それと、相場の「行き過ぎ」(バブル)は別物の可能性があるということ、それが確認されたということだったのではないでしょうか。

最終局面で登場した「Y2K」

ＩＴ革命による米経済の生産性の拡大を中心とした、これまでの景気循環の説明を超えた「ニュー・エコノミー」。では、なぜ株高は続かず、やがて暴落に向かうところとなったのか。それを考える上で、ＩＴバブルの株高がクライマックスに向かった１９９９年前後の動きを検証してみたいと思います。

ＩＴバブルの株高がクライマックスに向かう前の98年夏、世界的に株は暴落しました。ＬＴＣＭ（ロング・ターム・キャピタル・マネジメント）に代表された大手ヘッジファンドの危機などにより、世界的な金融不安に急襲された結果でした。

こういった中で、ＦＲＢのグリーンスパン議長は、**国内の景気回復に対して「予防的」「保険的」利下げを行いました**。結果的に、その後からＩＴバブルの株高はクライマックスに向かったのでした。

一方で、**日本は「ある事情」から史上初のゼロ金利政策を決定、そしてまた次の「ある事情」から、それを２０００年にかけて継続することになりました**。

米国は１９９８年に行った3カ月連続利下げから99年に入り株高が大きく進むと、一転利上げに転じました。98年に急襲された金融危機への「緊急避難措置」解除に動いたということでしょう。ところが、米ナスダック指数を筆頭に、株高はそのまま2000年にかけて続いたのです。

利上げとは、株高からするとブレーキの役割になるはずです。では、なぜFRBが利上げというブレーキを踏み続ける中でも、米国などの株高は続いたのか。それは、「ブレーキの壊れた自動車」のように、まさにクラッシュで止まる以外ない「バブル崩壊」の前兆だったのでしょうか。

それは十分あったかもしれませんが、ITバブルの株高クライマックスにおいて、最後に背中を押す役割となったのは、いわゆる**Y2K（コンピューター2000年問題）**でした。

この頃、ミレニアム（1000年紀）で、西暦が1900年台から2000年台に変わることにコンピューターは対応し切れていない可能性がありました。西暦が2000年に変わった瞬間に、前代未聞のコンピューター誤作動が深刻な問題になるリスクがある――。そういったことから、1999年に行われた3度の利上げも、いざという場合にはY2K対応として緊急資金供給の用意がある中では、「穴のあいたバケツ」のように効果が軽視されていたのかもしれません。

98年夏のFRBによる「保険的利下げ」、99年に入ると日本のゼロ金利政策及びその長期化、

さらに「Y2K」問題。これらがきっかけとなり、米ナスダック指数が2・5倍も高騰したことを正当化する「口実」となって、世界的な株高は2000年に突入しました。

西暦が2000年に変わった途端、コンピューターの誤作動で世界が大混乱に陥るといったY2Kショックの懸念は杞憂《きゆう》に終わり、緊急避難的な資金供給の可能性は消えました。NYダウは00年1月から下落に向かいましたが、米ナスダック指数はさらに上昇が続きました。「Y2Kに絡んだ資金供給を拠り所とした株高ではない。この株高はバブルでも何でもない、本物だ」。そんな強気な声が再拡大する中での上昇でしたが、00年3月から米ナスダック指数も暴落に向かったのでした。

バブル崩壊を察知できなかった日銀

米ナスダック指数は00年3月10日、5048ポイントを記録しました。終値ベースでは、結果的にこれがITバブルの株高の天井となりました。そして、この後から**約1カ月で3割もの暴落となったの**です。さらに5月下旬にかけての2カ月半で、下落率を4割近くまで拡大し、ようやく暴落第1幕は一段落となりました。

それにしても、なぜナスダック指数は急にこんな暴落に向かうところとなったのでしょうか。

その頃、**株暴落がいつ始まってもおかしくない局面にあったことは、とてもわかる気がします。**

これまで何度か使ってきた**5年MAからの乖離率を、米ナスダック指数について見てみると、基本的に+−50%の範囲内で推移してきたのが、00年初めにはプラス150%以上に拡大していました**（図表参照）。これを見たら、多くの人たちが「やばい、上がり過ぎだ。バブルじゃないか」と思ったはずです。

00年3月にかけて5000ポイントを上回ってきた動きは「異常な株高」、つまりバブルの可能性が高く、その意味ではいつそれがはじけて株暴落に向かってもおかしくない、そんな状況にあったのでしょう。

ただ重要なのは、5年MAからの乖離率などは特別な情報でも何でもなく、ほかの違うアプローチでも、このケースは「異常な株高」であることが示唆されていました。にもかかわらず株が暴落に転ずると「驚き」として受け止められたのです。株安は「バブル崩壊」によるものではなく、一時的な現象だと思われ、「予想以上の株安だ」といった受け止め方をされていたようです。

私が言いたいのは、**相場を見る上で、多くの人が客観的判断の重要性は理解しているはずなのに、「バブル」とされるような過熱、熱狂相場になると、それは忘れられてしまう傾向があったのではないか**ということです。

米ナスダック指数の5年MAからの乖離率（1990〜2020年）

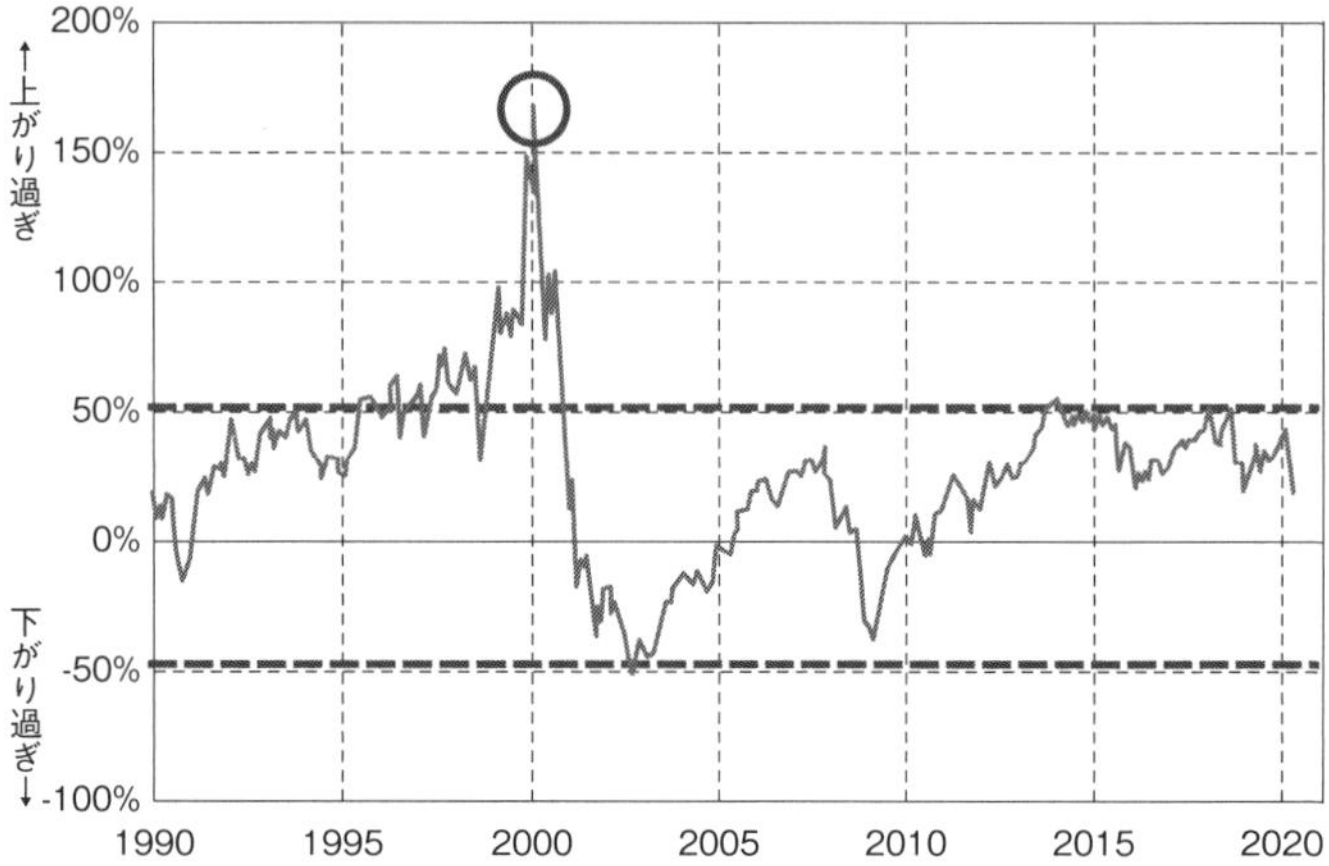

（リフィニティブ・データよりマネックス証券が作成）

失礼ながら、そんな「罠」にはまってしまった代表例が、日銀だったのかもしれません。

1999年中にゼロ金利解除という利上げができなかった日銀は、2000年3月から世界的な株暴落となったものの、それが一段落し、反発が続いた同年8月に、いよいよゼロ金利解除＝利上げを断行しました。

これは、ある意味でとてもわかりやすい「教訓」でした。00年3月から米ナスダック指数が主導する形で世界的な株暴落となりましたが、それは短期的な上がり過ぎの修正に伴う「一時的」な現象に過ぎないと思っていたからこそ、その後の株価反発局面で、日銀は長く待たされたゼロ金利解除の利上げを断行したのでしょう。

ただしそれこそ、「バブル崩壊」ということを知らない人がやりそうなことでした。**日銀は**

バブル崩壊が始まっているという認識がなく「利上げ」を行い、無自覚のまま自らを大変な事態に追い込むことになってしまったのです。

バブル崩壊には類似のパターンがある

株の「3大バブル破裂（崩壊）相場」とは、世界恐慌の1929年からのNYダウ暴落、日本のバブル崩壊における90年からの日経平均暴落、そして、ITバブル崩壊の米ナスダック指数暴落とされます。

バブル破裂相場は時代も国もバラバラですが、じつは共通点も少なくなかったのです。何と言っても、この3つの暴落相場は、2年半から3年続き、その間の最大下落率は7割前後になったのでした。

ただ相場ですから、2年半以上かけて7割前後も下落する中で、一時的に上がることもあります。そんな**上がったり下がったりするパターンにすら、「3大バブル破裂相場」には一定の類似性がありました。**

図表は、「3大バブル破裂相場」について、暴落の始まりを100とした指数で重ねてみたものです。これを見ると、3つの暴落相場は、暴落が始まって2カ月前後で3〜5割下落した

株「3大バブル破裂相場」の類似

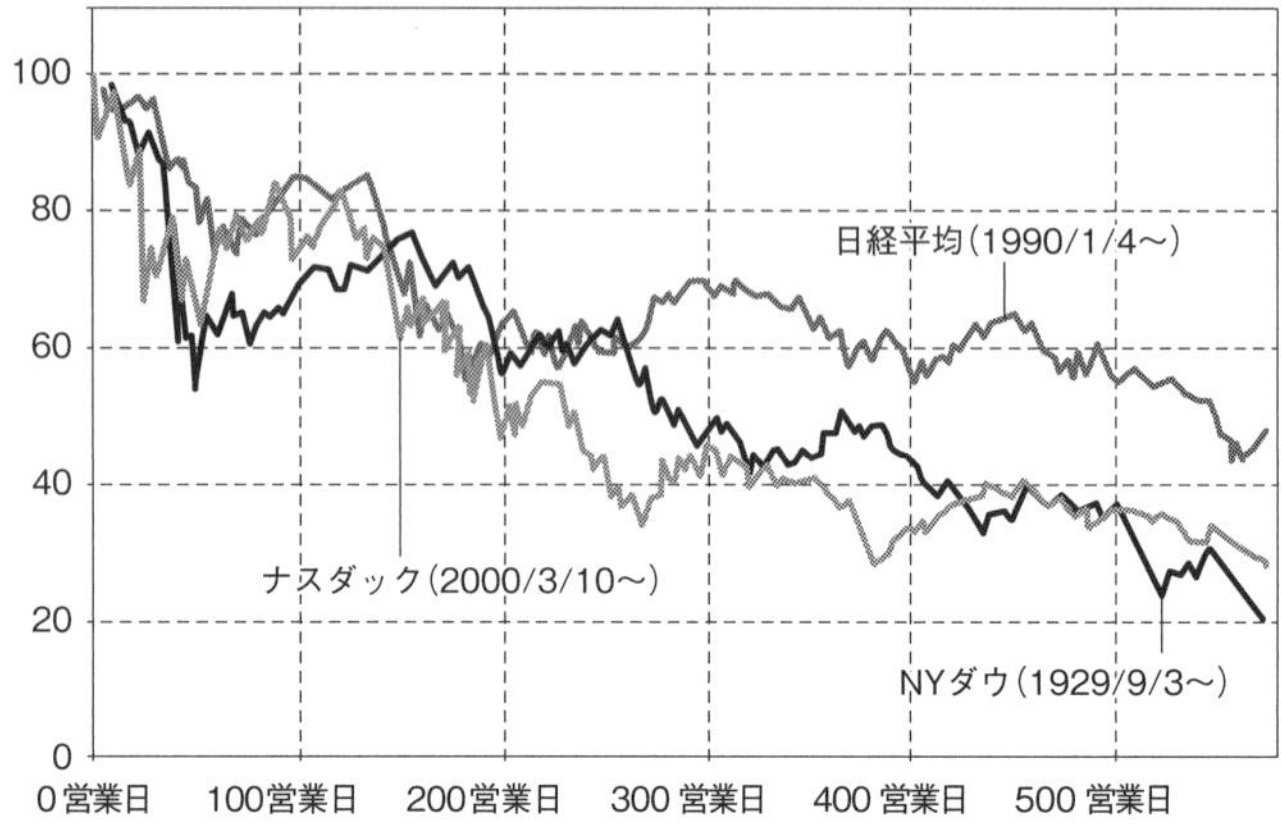

(リフィニティブ・データよりマネックス証券が作成)

ものの、その後は「半値戻し」を達成し、半年程度過ぎた当たりから暴落第2幕が始まるといった具合で、上がり下がりのリズムには類似性があったことがうかがえます。

念のために確認すると、**暴落第1幕＝2カ月前後で3〜5割下落、中休み＝第1幕の下落幅の「半値戻し」、暴落第2幕＝暴落開始から半年頃から下落の本格再燃、暴落終了＝暴落開始から2年半〜3年で、最大7割前後で下落する**——という共通パターンが見られます。

考えてみると、**いくらバブル破裂相場といっても、2年半以上で7割前後も、ずっと下がり続けるわけではなかったのです。中長期的に展開した下げ相場においては、さすがに「息継ぎ」とか「中休み」もあったわけで、興味深いのはそのタイミングなどにも一定の共通性があった**

ということです。

当時の日銀が、「バブル破裂の株暴落は時代を超え、国の違いすら超えて似たようなパターンで展開する」という「バブル破裂パターン」を知らなかったとしても、強く責められることではなかったと思います。ただ残念なのは、株バブル破裂との判断が遅すぎたのではないかということです。

グリーンスパン議長の「名台詞」にこんなものがありました。

「相場のバブルを事前に警告することにあまり意味はない。何百、何千万の市場参加者の売買によって付いた価格について、バブル=間違いということには意味がない。肝心なのは、バブルが破裂した後、いかに速やかに対応するかである」

ここで彼が言ったことを参考にすれば、**ITバブル破裂後の日銀の最大の失敗とは、「破裂後に速やかに対応」しなければならないところなのに、そもそも「破裂の認識が遅過ぎた」ということだったのではないでしょうか。**

ITバブル破裂では、米ナスダック指数が00年3月から02年10月までに約7割も暴落したことがわかります。ただ、渦中にいた人たちからすると、バブル破裂もすぐにはわからず、かなり長い間認識できなかったのでしょう。

日銀は1999年2月に行ったゼロ金利政策を、2000年8月に解除（=利上げ）しました。

一部のメンバーからすると、1年以上待たされたゼロ金利解除ができた一因は、明らかに円高リスク後退があったでしょう。一時1米ドル＝100円割れに迫った米ドル安・円高は00年8月には110円程度まで米ドル高・円安に戻していました。

ようやく、待ちぼうけをくらったゼロ金利を解除できる。しかし当たり前ですが、金融政策は為替で判断するものではありません。それ以上に、この00年8月というタイミングは、今から思うと、ITバブル破裂が始まって半年近く経っていたわけです。株バブル破裂パターンからすると、株暴落の第2幕が始まるタイミングだったわけです。

そういった中で、日銀はゼロ金利解除の利上げに踏み切りました。政策の失敗は、まるで「運命に翻弄される」ようにその後の日銀を大変な目に合わせることになってしまったのです。

日銀が犯した「屈辱的失敗」

日銀は00年8月、約1年半続いたゼロ金利政策の解除を決めました。当時、米ドル／円は、年初の1米ドル＝101円程度から、110円前後まで米ドル高・円安へ戻していました。そして、5月にかけて3000ポイント割れ寸前まで暴落した米ナスダック指数も、7月にかけて最大で3割反発し、4000ポイント台を回復していました。

円高、株安ともにリスクが後退したため、日銀は「利上げ」の障害はなくなったと判断したわけですが、結果的にはそれは最悪のタイミングで行われ、**日銀史上屈指と言ってもよいほどの失策になった**のでした。

00年8月、日銀のゼロ金利解除の前に、米ナスダック指数は暴落からの反発が終わっていました。3月に5000ポイント台から暴落が始まり、5月に3000ポイント割れ寸前で下落一段落となったものの、7月には4000ポイント台を回復したところで、反発も一巡となっていたのです。

そんな中で日銀の「利上げ」となりました。すると米ナスダック指数は間もなく下落が再燃、10月には5月に記録した安値を更新し、年末までに2000ポイント割れに迫る一段安となったのです。

日銀の「利上げ」が、ITバブル破裂の株暴落第2幕のトリガーになったようでした。日銀を弁護するなら、「株バブル破裂」には一定のパターンがあり、それからすると、日銀がゼロ金利解除を行わなくても、ITバブル破裂の株暴落は第2幕に向かったかもしれないと思います。

ただそれはそれとして、ITバブル破裂の株暴落は、日銀がゼロ金利解除を決めた時には**すでに半年近くも経っていたのです。にもかかわらず、「利上げ」を敢行したのは、日銀として**

バブル破裂との認識がなかったからとしか言えないでしょう。日銀も後悔したかもしれませんが、悔やんでも悔やみきれないほど、相場の見極めは難しいことを示すエピソードだったかもしれません。

他方、政策は結果責任でもあります。日銀のゼロ金利解除の後から、世界的な株暴落の「第2幕」が広がったことで、日銀に対しても新たな政策対応を強く迫るものとなりました。

日銀は01年になると、再びゼロ金利政策を復活させます。**宿願だったゼロ金利解除から、ほんの半年でのゼロ金利復帰は、政策当局者からすると政策判断ミスを自ら認めたようなもので、屈辱的だったでしょう。**

ただ、「荒ぶるマーケット」は、「ゼロ金利解除は間違いでしたから元に戻します」と言っても、それで収まるものではなくなっていました。ITバブル破裂もさすがにこの頃は一般的な認識となっており、止まらない世界的な株安そして日本の株安は、まさに**「ゼロ金利以上の金融緩和」を求める動き**となっていました。

こうした中、先進国史上初のゼロ金利政策を行った日銀は、さらに先進国史上初となる「非伝統的」金融緩和、量的緩和(QE)に踏み切ることとなったのです。

機能した「アノマリー」

さて、ITバブルが破裂し、株が暴落する中で、為替相場はどのような動きとなったのでしょうか。

00年の米ドルは、長い間1米ドル＝101〜110円中心で方向感のない小動きが続きました。**この年は、米大統領選挙が行われる年だったのですが、その大統領選挙まで米ドル／円は小動きが続き、選挙が終わると一転して米ドル高・円安方向に大きく動き始めた**のです。

こういう米大統領選挙前後のプライス・パターンはこれまで何度も見てきました。16年11月、「トランプ・ラリー」、2012年11月からの「アベノミクス相場」、さらに08年の「リーマン・ショック」。この3つに共通したのは、米大統領選挙まで米ドル／円は方向感の乏しい小動きが続くものの、選挙前後から一方向への大相場へ豹変するということでした。

こういった論理的に説明できないものの、繰り返されるパターンを「アノマリー」と呼びましたが、**00年11月の米大統領選挙前後の値動きも、見事なまでに「アノマリー」通りの展開となりました。**

民主党・クリントン大統領の2期8年の任期満了を受けて、共和党・ブッシュ候補vs.民主党・

ゴア候補の対決となった大統領選挙は、一部で投票がやり直しになる前代未聞の事態となるなど、ゴタゴタはあったのですが、為替相場は新大統領の正式決定を待てないようにジワリと、米ドル高・円安方向に動き出したのです。

01年に入り、ブッシュ新政権のスタートとなった頃、株価は誰の目から見ても、ITバブル崩壊の株暴落が起こっていることが明らかな状況となっていました。ところが、暴落が広がる株価を尻目に、米ドルは一段高へ向かい、何と4月には1米ドル＝125円すら上回るところとなったのです。

以前、00年3月頃に行ったFX投資家向けのセミナーで、私は冒頭でこんなふうに述べたことを紹介しました。

「バブル破裂の株暴落が始まった可能性があると思っています。過去の似たケースでは、株暴落の震源地の通貨は上がることが多かったので、為替は米ドル高・円安に向かうと思います」

これは、私がFX投資家向けの情報発信を本格的に始めた頃のことでしたが、今から振り返ってもとても「当たった感」の強い情報発信ができたと思います。

暴落が広がる株価、それを尻目に上昇傾向が続く米ドル。しかし、そんな流れが変調する場面がありました。きっかけは01年9月11日、米同時多発テロ事件でした。NYマンハッタンを象徴するビルの1つ、通称ツインタワー・ビルに航空機が突っ込む衝撃的な映像を見ながら、あまりのことに、しばらく動けなかった米ドルでしたが、状況が把握できるようになると、急落に向かいました。

1米ドル＝120円程度から米ドルは急落し、米国政府は米ドルを防衛するべく、米ドル買い介入に出動。それに日本政府なども協力し、協調的な米ドル買い介入が実現しました。

衝撃的な事件を受けた為替市場での米ドル売り殺到 vs.米ドル買い協調介入。売買の攻防劇が続く中で、米ドルは115円まで続落しました。そこで**私は、ある印象的な経験をする**ところとなったのです。

「セプテンバー・イレブン」そして「ミセス・ワタナベ」

「セプテンバー・イレブン」（01年9月11日の米同時多発テロ事件）が起こるほんの数日前、私はあるＦＸの会社が企画した投資家との懇親会に参加していました。そこで1人の女性のお客様が、私にこんなふうにおっしゃったのです。

「先生は凄《すご》い円安になると予想して、『さよなら円高』という本も出しましたよね。最近は円高になるとの予想に変わったのですか。それなら今度は『こんにちは円高』という新しい本を出されたらいいじゃないですか」

私は「なるほど、この懇親会は僕が円高予想を言ったことに不満なお客様が、直接文句を言いたかったのかもしれない」と感じました。それで、「相場は上がったり下がったりするものですから、目先少し円高になるリスクがあると言っているだけで、大きな円安の流れという予想を変えたわけではありません」と説明しました。

そして、懇親会終了後に笑顔で参加者一同記念撮影しました。ところが、その日から間もなく同時多発テロ事件が発生し、米ドルは急落、円高リスクがまさに現実になったのでした。そして1米ドル＝115円まで下落したところで、私の携帯に電話がかかってきたのです。

電話の相手は、あの懇親会で「『こんにちは円高』という本も出しては」と、ちょっと嫌味な感じのことをおっしゃった女性でした。その方はこんなふうに聞いてきました。

「私のチャートからすると、ここで米ドルは下げ止まると思うのですが、先生はどう思いますか？」

「僕もこれ以上はそんなに下がらないと思います。ただこれだけ荒っぽい値動きだから、ガッツ（勇気）がないと手を出しにくいでしょうね」

私がそんなふうに説明すると、電話の向こうの女性は「そうですか」と答えました。結果的に米ドルの急落はこの115円で止まりました。そしてその後、上昇に向かっていったのです。

こんなふうに、**「セプテンバー・イレブン」前後に米ドル／円が乱高下した局面で、奇妙な**

やりとりをするところとなった女性は、その数年後「ミセス・ワタナベ」のモデルとされた方でした。

「ミセス・ワタナベ」、それは日本でFXがブームとなり、主婦でも積極的にFXの売買を行っている様子を象徴的に示した言葉でした。そして、このネーミングのモデルとなった人物こそが、この女性だったのです。

話を本題に戻しましょう。ITバブル崩壊の主戦場、米ナスダック指数はこの「セプテンバー・イレブン」の頃にはどうなっていたのか。

米ナスダック指数は、00年3月の5000ポイント台から下落が始まりましたが、1年後の01年3月に2000ポイント割れ、そして「セプテンバー・イレブン」のショックを受けて同年9月には1500ポイント割れとなりました。

株安局面が約1年半続く中で、米ナスダック指数はこの頃までに最大7割もの下落となっていました。

一方、米ドル相場はむしろ上昇傾向が続き、「セプテンバー・イレブン」での反落も1米ドル＝115円で止まると、米ドルはやがて上昇へと向かいました。そして、21世紀ではこれまでのところ（20年5月現在）、唯一となる1米ドル＝130円を超える米ドル高・円安が始まることになったのです。それをもたらしたのは、第2章「アベノミクス編」で一度紹介した「あの話」でした。

「最大の円安」が実現した背景

ＦＸ時代最高の１３０円を超える円安に向かったきっかけは、**日本の通貨当局である財務省の実質的な「為替相場操縦」**だったのではないでしょうか。しかも為替相場においては、「相場操縦」といえば、言葉的にはルール違反です。「相場操縦なんてできませんよ」と財務省は答えるでしょうし、そして「そうですよね」となります。しかしなぜこの局面で、ＦＸ時代最高の円安となったかを説明するためには、**「できないはずの相場操縦ができることもあるのです」**と言う以外ないのではないでしょうか。

「セプテンバー・イレブン」の後、ある金融専門誌の記事が注目を集めました。「財務省が１３０円を超える円安を予想している」といった内容でした。

通貨当局は、基本的に市場に対して中立の立場なので、予想はしないというのが基本です。記事は「最近、当局との会話の中で、〝円安になりそうですね〟〝ファンダメンタルズからすると１３０円を超えてもおかしくないですね〟といった声が多くなっています」といった為替市場関係者からのコメントで構成されていました。

財務省はどうも円安に誘導しようとしているようだ。相場操縦はやってはいけないことであり、そもそも為替相場ではできないものなのに、その目的は何か？ そんな疑問をつのらせる内容でした。

日銀は01年に入り、ITバブル崩壊の株安が日本にも波及し深刻化する中で、先進国としては史上初となる量的緩和に踏み切りました。国債などを購入し、資金を供給するといった「非伝統的」金融緩和でした。**株安が拡大する中で、さらなる緩和強化として浮上したのが、日銀による外国債購入案**でした。

日本の国債を購入し資金を供給するのと、外国債を購入して資金を供給するのは、資金の供給は同じですが、外国債購入のために外貨を購入することで、為替相場に直接的に円安の可能性をもたらすこともできます。

「金融緩和＋円安」といった日銀の外国債購入案を「それはいいね」と思った人に、「それは違うな」と説得するにはどうしたらいいか。その1つは、円安にすることでしょう。

外国債を購入する、つまり米国などの外貨を購入する前に外貨高（円安）になっていたら、「割高な外貨を購入するということは、果たしてよいのか」といった議論になります。

このように見ると、**財務省が円安誘導と見られる言動をとったのは、日銀の外国債購入案を**

潰すことが狙いだったと考えられます。日銀の外国債購入に伴う外貨購入となると、財務省の専管事項、為替政策を侵されかねないため、それを排除することが主目的だったのではないでしょうか。

そうした中で、米ドル高・円安は進み、02年に入ると1米ドル＝120円を大きく上回り、さらに130円すら大きく上回る動きとなりました。こうして円安が進行し、日銀の外国債購入案は見送られるところとなったのです。

中長期の円安、円高にはルールあり

ITバブルの株安の中でアダ花のように咲いた円安。そして、00年以降のFX時代では、唯一1米ドル＝130円を超えて、135円まで進行した米ドル高・円安。黒田緩和による「アベノミクス円安」のピークだった1米ドル＝125円を10円以上も上回った円安でしたが、それもさすがに終わりに近づいていました。

02年に入ると、本当に1米ドル＝130円を上回る動きとなりました。「本当に」というのは、一部の報道で、財務省関係者が言ったとされたのが「本当に」そうなったということです。そして春以降、ITバブル崩壊の株安が「最終幕」といった動きになると、株安につられる形で、米ドルも下落に向かったのでした。

ＩＴバブルの主戦場のようになっていた米ナスダック指数の下落が再燃した。きっかけは、いくつかのＩＴ企業による事実上の「粉飾決算」が表面化したためでした。

総合エネルギー大手のエンロン、電気通信大手のワールドコム。あれから20年近く過ぎた中で、知らない人も多いかもしれませんが、当時バリバリのＩＴトップ企業です。その企業が業績を「粉飾」していたとなると、ＩＴバブル破裂のきっかけになるのは、今から振り返ってもとてもわかりやすいと思います。

米ナスダック指数が「最後の下落」へ向かい始めると、02年3月にかけて1米ドル＝１３５円近辺だった米ドルも、一気に下落しました。

この背景には、**１米ドル＝１３５円といった米ドル高・円安が、そもそも持続不可能な動きだったということがあったのではないでしょうか。米ドル／円の長期のトレンドは、じつは物価で計算した適正水準、購買力平価である程度、説明が可能です。00年前後の米ドル／円は、日米の生産者物価の購買力平価がほぼ上限という状況が続いていました。**

そんな購買力平価は、02年当時1米ドル＝１３０円程度でした。財務省幹部が「ファンダメンタルズからすると１３０円を超えて円安が進んでもおかしくない」と言ったのも、わからなくはありません。ただ、１３０円を超えた円安の持続性には限界があるというのも、米ドル／

円と購買力平価の関係が示すものだったのです。

米ナスダック指数は、00年3月の5000ポイントを超えた水準から、02年10月に1000ポイント台まで、最大で7割以上もの大暴落となりました。08年前後の「リーマン・ショック」を含む信用バブル破裂相場とともに、代表的な株暴落・リスクオフでした。

ただ、**「リーマン・ショック」と、「ITバブル破裂」では、円相場の動きが大きく異なるところとなりました。「リーマン・ショック」では、円高が加速し、FX時代での円最高値1米ドル＝75円を記録するきっかけとなったのに対し、「ITバブル破裂」では反対の、FX時代では円最安値となる1米ドル＝135円を記録した**のです。

なぜ、同じ株暴落・リスクオフでも、こんなふうに極端な円高、円安の違いとなったか、これまでの説明でわかっていただけましたか。「難しいと思っていたけれど、FXもわかった気になってきた」「FXって、面白い」、そんなふうに思ってもらえたら幸いです。

ITバブル崩壊の「大波乱の為替相場」の振り返り

ITバブル崩壊の株暴落とは、米ナスダック指数が00年3月から02年10月にかけて最大

7割以上も下落した出来事だった。ところが米株の大暴落を尻目に、為替相場は1米ドル＝101円から135円まで米ドル高・円安に向かった。「リーマン・ショック」では円高が進んだように、教科書的には「リスクオフでは円高」とされる中で、意外といえる「リスクオフの円安」となった点が特徴だった。すでにITバブル崩壊が始まる前に急激な円高が起こったことから、その反動が一因だったと考えられる。

ＦＸの船出となった1998年は、夏に突如、世界的な金融危機が発生し、世界経済が豹変したことから、米ドルはたった3営業日で25円も大暴落するといった大波乱に見舞われた。米国は景気回復が続く中での「保険的利下げ」を余儀なくされ、日本は先進国史上初のゼロ金利政策を行い、それらがITバブルの株高をさらに後押しすることになった。

一方、この相場の動きに翻弄されたのが日銀だった。99年に実施したゼロ金利政策の解除が後手に回り、遅過ぎた利上げが、バブル崩壊の株暴落「第2幕」のトリガーとなった。そして株暴落が広がる中でのゼロ金利復帰を余儀なくされ、さらには先進国史上初の量的緩和に追い込まれた。バブル崩壊に気づかなかった日銀の屈辱的な政策ミスだった。

最終章

コロナ相場の真実

「呪われたオリンピック」

21世紀に入り、2度目に迎えたdecade（10年）の始まりである2020年は、日本にとって待望した2度目の東京オリンピック開催など、特別で歴史的な年になるはずでした。ところが、東京オリンピックの開催は延期に追い込まれました。

オリンピック中止か否かが注目されていた頃、ある大物閣僚が「40年周期の呪われたオリンピック」説を披露して、顰蹙《ひんしゅく》を買うということがありました。1940年の東京オリンピックは第二次世界大戦の影響で中止され、1980年のモスクワ・オリンピックは東西冷戦がピークの局面で、当時の西側陣営の国々が参加をボイコットしました。

それから再び40年後、2020年の東京オリンピック開催は延期という形になってしまったわけですが、それをもたらしたのは、いうまでもなく「新型コロナウイルス（Covid-19）」問題でした。スペイン風邪以来、100年ぶりとされた歴史的な感染症が世界中で猛威を振るったのです。

そんなコロナ問題が金融市場を急襲したのは、20年3月でした。「コロナ・ショック」と呼ばれた金融市場の大混乱の中で、株式相場たとえば米国の代表的な株価指数であるNYダウ平均は、2月に付けた最高値2万9000ドルからほんの1カ月余りで1万8000ドル台まで、最大4割近い大暴落となったのです。

そして為替相場、米ドル/円も暴落しました。2月には112円まで上昇した米ドルでしたが、「コロナ・ショック」の中であっという間に101円まで下落しました。当時の感覚としては（それは私も含めてですが）、100円割れも時間の問題で、通過点に過ぎないかもしれないとの受け止め方が大勢でした。

ところが、101円で下げ止まると、なお下落が続く株価を尻目に急反騰に向かったのです。そして、今度はあっという間に111円までの急反騰となりました。

短期間で10円も大暴落したかと思うと、今度は一転して10円の急反騰を演じた米ドル/円。ちなみに1年間の最大変動幅は、19年まで3年連続で10円程度にとどまっていました。1年でも10円程度しか変動しない米ドル/円が、1週間余りで10円の値幅を往復したのです。

なぜ株暴落が続く中で、米ドルが急反騰となったのか。これについて、専門家は「Cash is King」の影響だと説明しました。

未曽有の危機においては、現金（Cash）こそが信頼できる対象です。そしてCashとは、基軸通貨の米ドルということで、未曽有の危機が広がる中、米ドルへのニーズが急増し反騰をもたらしたとされました。

ということで、「コロナ相場」はかなりドラマティックな展開となったのです。ただ、ここから先が、しっかり確認する必要のある「コロナ相場」の真実だと私は考えています。じつは「コロナ禍」で米ドルは暴落したのです。

日本人がわかりにくい「コロナ」の米ドル急落

為替相場をある程度見ているという人ほど、驚きの声が上がるかもしれません。なぜなら、暴落、暴騰を経た後の米ドル／円は、乱高下が一段落した後、「コロナ前」の19年までのような小動きに戻ったのです。私が言った「コロナ禍」の米ドル暴落とは、米ドル／円以外の話です。

「コロナ・ショック」とされた世界的な株価大暴落の動きは、3月末までに一段落となりました。そしてその後、米ドルは半年程度で豪ドルに対して約30％、「第2の基軸通貨」とされるユーロに対しても15％程度の下落となったのです。

ちなみに、3月の対円での米ドル高値から、その後半年での最大下落率は6％程度。これと、豪ドルやユーロに対する米ドル安を比較すると、かなり差があります。

私が言いたいのは、「コロナ後」の米ドルは、対円と、それ以外の通貨に対する動きは、かなり違ったということです。要するに、対円で米ドルは小動きでしたが、それ以外の通貨に対しては大きく下落したのです。しかしそんな「真実」は、日本人ほどわかりにくかったのかもしれません。

1つエピソードを紹介します。あるTVに出演した時のキャスターとの問答です。

（キャスター）「相変わらず為替は動かないですね」

（吉田）「米ドル／円以外は凄く動いていますよ」

（キャスター）「すいません。米ドル／円ぐらいしか見ていないので」

ちなみに、半年程度で豪ドルに対する米ドルのように約3割下落するということを対円に換算したら、1米ドル＝110円から80円割れに向かっている計算になります。これがニュースになったなら、「米ドル暴落」と思うのが普通ではないでしょうか。

その意味では、ここまで述べたことが「誇張」ということではなく、「コロナ後」は確かに対円以外では、（程度の差はあるものの）米ドルが大幅に下落し、例外的に対円では小動きが続いたといえるでしょう。では、それはなぜでしょうか。

「リーマン・ショック後」と類似している

20年3月に「コロナ・ショック」が広がる中で、FRB（米連邦準備制度理事会）は政策金利をゼロまで引き下げる「ゼロ金利」を決めました。その上で、資金供給を拡大するQE（量的緩和）も拡充に動きました。

こうして、世界的な株大暴落「コロナ・ショック」は3月末までに一段落しましたが、株価とは対照的に、為替は米ドルが対円以外では一段安となったのでした。「コロナ後」の株高・米ドル安、それはかつてと似た動きでした。

すでに見てきた「リーマン・ショック後」がまさにそれでしょう。「100年に1度の危機」とされた「リーマン・ショック」で、株価は09年3月には底を打ち、反発に向かいました。ところが、そんな株価反発を尻目に、米ドルは11年10月にかけて1米ドル＝75円まで一段安となったのです。

なぜ、「リーマン・ショック」後は株高・米ドル安となったのか。それはFRBによる金融緩和が奏功した結果の株高、一方で金利低下に伴う米ドル下落だったのではないでしょうか。

私が言いたいのは、「コロナ・ショック」後の株高・米ドル安と、「リーマン・ショック」後の株高・米ドル安は似ている点があるということです。この本のメイン・テーマは、「相場とは先読みが必要。その先読みのために過去に学ぶ必要がある」ということでした。その意味では、まさに「コロナ後」の相場は、「リーマン後」の経験と知識が役立つものだと言えるでしょう。

それにしても、「コロナ後」に米ドルは対円では小動きが続いたのに対し、円以外の通貨に対しては大幅に下落したのはなぜなのか。

それを考える上では、「キャリー取引」という言葉を検証する必要があるかもしれません。「キャリー取引」とは、ヘッジファンドなどに流行した、安く調達した資金を、為替リスクをとった上で高い利回りで運用する方法とされます。

これが大流行したケースが、まさに「リーマン・ショック後」とされました。そこで、株高・米ドル安となったのです。これを参考にすると、「コロナ後」の株高・米ドル安も「先読み」しやすかったのではないでしょうか。

第4章の「リーマン・ショック編」を確認してみて下さい。これを見ると、なぜ「コロナ後」に、株高・米ドル安となったかがわかるでしょう。「先読み」とは「過去に学ぶ」ということが再確認できると思います。

それにしても、「コロナ後」は、対円では米ドル安も限られました。それはなぜかというと、そもそも安く調達し、高い利回りで運用するといった「キャリー取引」の代表選手は伝統的に円が担ってきたからです。その大前提となる世界一の低金利通貨である円の状況は、今も著しい変化はありません。ということは、「コロナ後」も米ドル・キャリーとともに、円キャリーも相応にあったでしょう。

米ドル・キャリーとは米ドルを売って株などを買う取引、円キャリーとは円を売って株などを買う取引です。リスクオンの株高局面で、米ドル売りと円売りが綱引きになった結果、米ドル／円は方向感がない展開になったということではないでしょうか。

「コロナ後」は、日本人はわかりにくかったようですが、対円以外で米ドル安の大相場が展開しました。それをリードしたのは、「リーマン後」と同じようにヘッジファンドなどの米ドル・キャリー取引でした。

「コロナ後」に起こったのは米ドル安、株高です。ということは、米ドル売り、株買いの米ドル・キャリー取引は、米ドル安と株高で二重の利益を上げた可能性があったのです。

株高は終わりに近い局面

「コロナ・ショック」が広がる中で、当初、世界経済は猛烈な悲観論に覆われましたが、しかし株価は半年もしないうちに「コロナ・ショック前」の水準を回復しました。それは、「リーマン・ショック後」と同じように、徹底的な金融緩和を受けて溢れたマネーが資産市場に流れ込み、「資産インフレ」が起こったためとの見方が広がりました。

では、実態経済から乖離した株高は続くのか、それとも株高は文字通り「バブル」であり、早晩「崩壊」となるのか。

00年のITバブル崩壊についてはすでに見てきましたが、ここで行き過ぎた株高を示していた2つの代表的な指標について確認してみたいと思います。1つはナスダック指数の過去5年の平均値である5年MA（移動平均線）からの乖離率（図表1）。もう1つは、ナスダック指数とNYダウ平均の相対株価（図表2）です。

まず、ナスダック指数の5年MAからの乖離率は、ITバブル崩壊の株暴落が始まる前には、空前の「上がり過ぎ」を示していたのに対し、足元は「上がり過ぎ」ではあるものの、ITバブル崩壊局面ほどではなさそうです。

次にナスダック指数とNYダウ平均の相対株価を見てみましょう。こちらは、すでにナスダック指数がITバブル以来の記録的な割高になっていることを示しています。

「コロナ後」の株価急反発をリードしたのは、米巨大IT企業GAFAに代表されるグロース株（成長株）でした。そんなグロース株の多くで構成されたナスダック指数と、バリュー株（割

[図表1] 米ナスダック指数の5年MAからの乖離率（1990年〜）

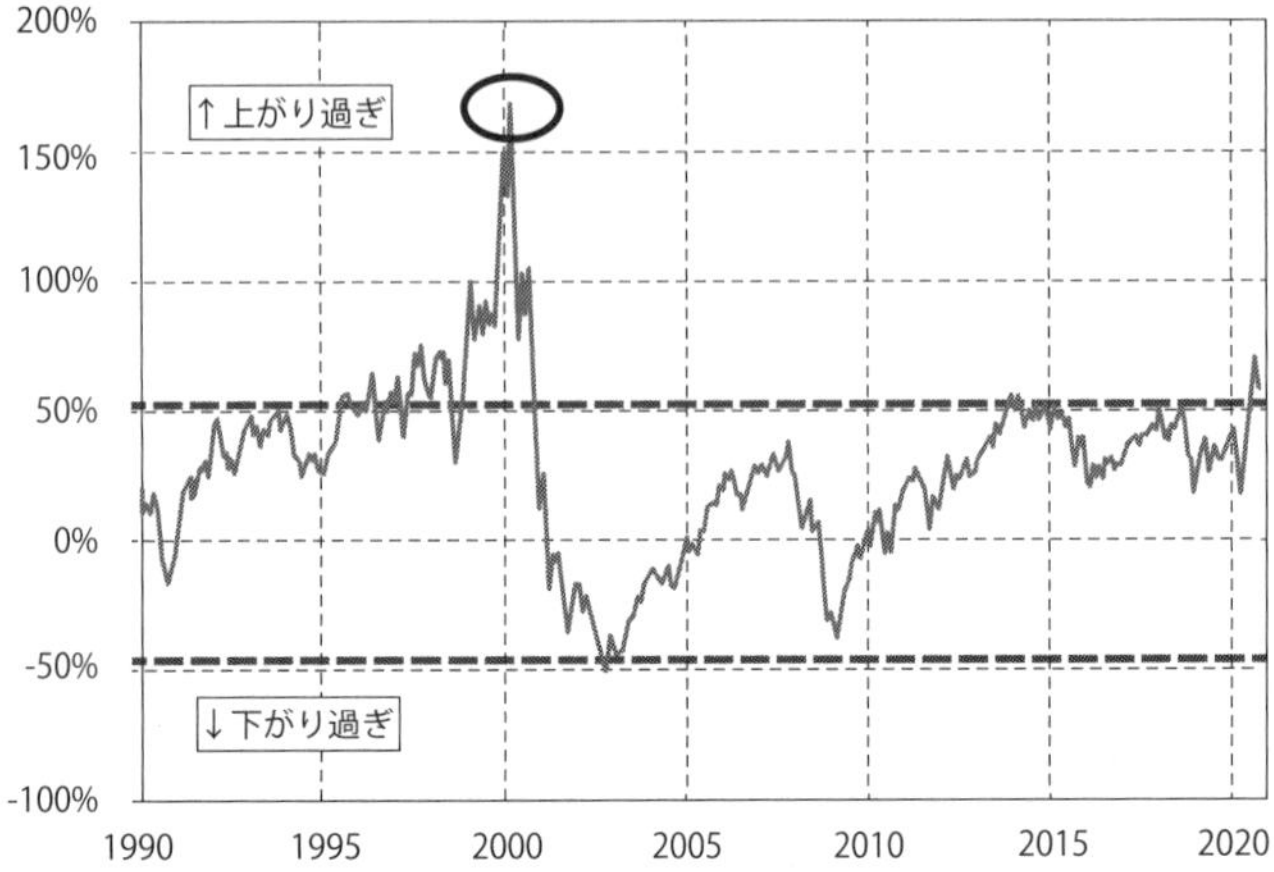

[図表2] 米ナスダック指数/NYダウ平均の相対株価（1990年〜）

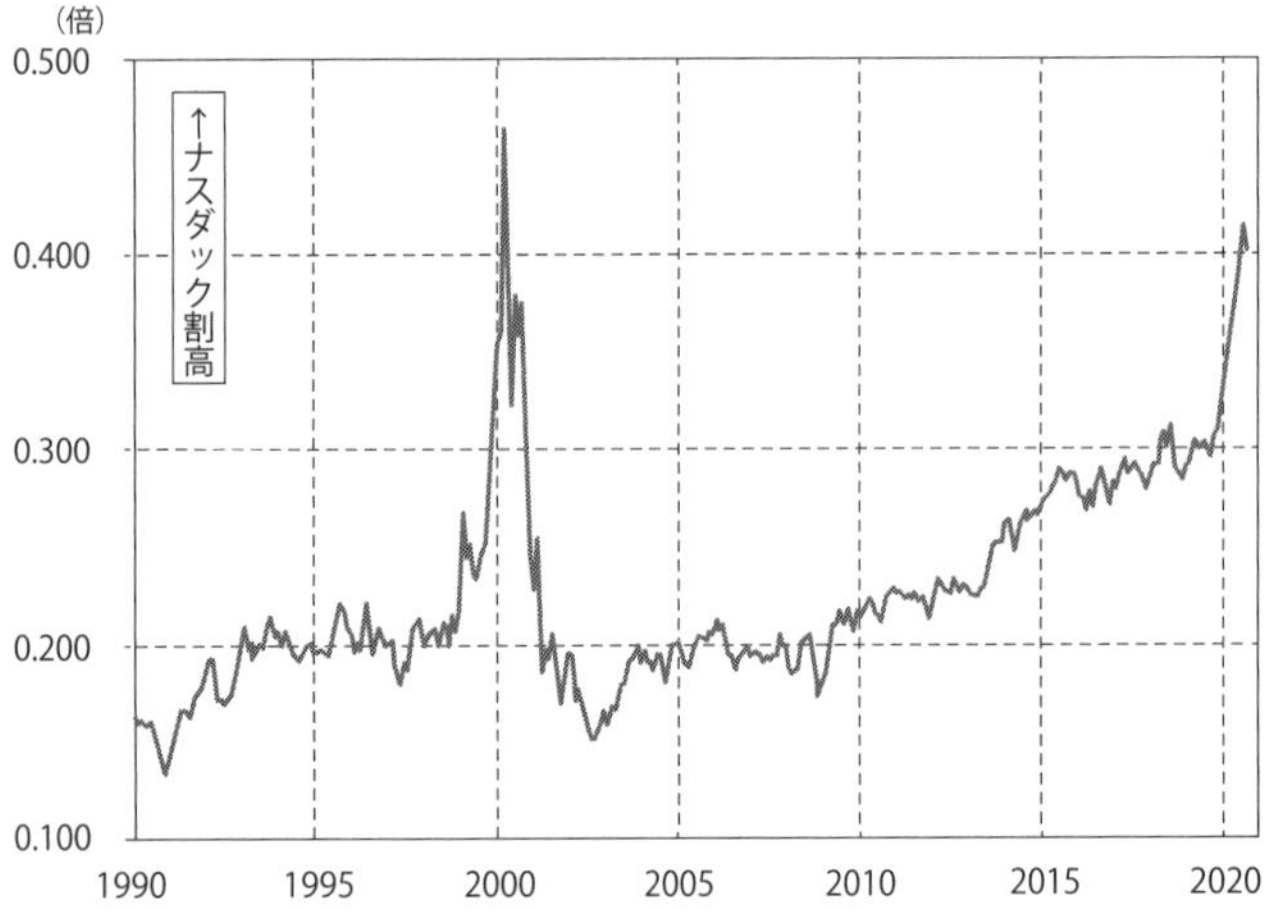

(いずれもリフィニティブ・データをもとにマネックス証券が作成)

安株）を代表する株価指数ともいえるNYダウ平均の相対株価を見ると、株反発をリードしたGAFA、グロース株、ナスダック指数の割高懸念が拡大していることがわかります。

00年以降の株高の終わり（＝株安の始まり）と、株安の終わり（＝株高の始まり）をNYダウ平均で見ると、前者は00年1月と07年10月、そして後者は02年10月と09年3月でした。図表1、2とも、現在は前者に近いことがわかります。要するに現在の株高は、始まったばかりでまだまだ続くということではなく、終わりに近い可能性が高そうです。

多くの名台詞で知られる元FRB議長のグリーンスパン氏はかつて、「バブル」について、こんな発言をしました。

「何百万、何千万人もの市場参加者の売買で決まった価格を、間違いだ、バブルだと指摘することにあまり意味がない。バブルは破裂した後に、いかに速やかに対応するかが極めて重要だ」

「コロナ後」株高は、過去の経験則を参考にすると、終わりに近い局面にあるのかもしれません。それがついにきた時こそが「バブル崩壊」ということになるかもしれませんが、その時、いかに速やかに対応できるか。それこそが「コロナ後」の世界で次の最重要ポイントになるのではないでしょうか。

「コロナ相場」の振り返り

世界経済が猛烈な悲観論に陥った20年3月の「コロナ・ショック」。円は小動きが続いたが、他の通貨に対して米ドルは大幅に下落した。一方、株価は半年もしないうちに「コロナ・ショック前」の水準を回復し、株高・米ドル安となった。この構図は「リーマン・ショック後」と似ており、「コロナ後」の相場は、「リーマン後」の経験と知識が役立つものとなるだろう。では、株高はこれからも続くのだろうか。

2つの代表的な指標（「5年MAからの乖離率」及び「ナスダック指数とNYダウ平均の相対株価」）を検討すれば、株価は「上がり過ぎ」で割高懸念が拡大していることがわかる。過去の経験則からすれば、株高は終わりに近い局面にあるのかもしれない。

おわりに 「先読み」のために過去に学ぶ

この本の内容は、2020年3月から始めた連載記事がベースになっています。3月からその連載を始めると、すぐに「コロナ・ショック」が起こりました。かつて経験したことがないほどの乱高下を繰り返す為替相場、株式相場、「荒ぶるマーケット」を目の当たりにして、果たして「過去の話」を書いている場合なのかと、自分でも疑問に感じた時がありました。

しかし、世界的な株価大暴落は3月末に一段落すると、その後は株高と米ドル安に向かったのです。それを見ながら、私は「いつか見た風景」に似ていることに気付きました。08年に起こった「リーマン・ショック」後に似ている——。

世界経済の急激な悪化と、それを背景とした株価の暴落を止めるために、「世界一の経済大国」である米国が先頭に立った積極果敢な金融緩和は株安に歯止めをかける一方で、基軸通貨・米ドルの大幅な下落をもたらしました。

それは、「リーマン・ショック」が一段落してから出現した為替・株式相場の動きでしたが、目の前にある「コロナ・ショック」後の株高・米ドル安も、似たようなメカニズムが働いている可能性がありそうでした。そんな考えに至ると、「過去の話」である「リーマン・ショック」の知識と経験は、「コロナ後」の為替・株式相場の行方を「先読み」するための頼れる味方になったのです。

私は１９９８年のＦＸスタート直後から、専門家として為替相場をウォッチしてきました。ですから多くの相場において、「いつか見た風景」が比較的すぐに浮かんできます。そして、それを「先読み」の手掛かりにすることが少なくありません。

ただ、専門家である私ほどにＦＸ時代の為替相場に関わってきた人は限られるでしょう。そこでこの本では、私がリアルに体験した過去のＦＸ大相場において、どんな予想が役立ったのかについて、他の人たちにも「そうだったのか！」としっかりわかってもらえるように、なるべく平易に書いたつもりです。

今回はＦＸ時代20年の代表的な「大相場」を中心に解説しましたが、すべてこれは結果の後講釈ではなく，私がリアルに体験し、当時において果敢に予想したものでした。トランプ・ラリーの米ドル高も、アベノミクスの円安も、リーマン・ショックの米ドル安も、そしてＩＴバブル崩壊も。

１回、予想が当たったというだけなら、まぐれかもしれませんが、継続的に確実な予想ができたことで為替は決して予想不可能なものではなく、ある程度は予想が可能であることを、ほぼ証明できたと感じています。

この本で得た知識が1人でも多くの投資家にとって、確実な「先読み」ができるための味方になってくれたら幸いです。

2020年10月

マネックス証券チーフ・FXコンサルタント兼マネックス・ユニバーシティFX学長

吉田　恒

［略歴］

吉田恒（よしだ・ひさし）

マネックス証券チーフ・FX コンサルタント兼マネックス・ユニバーシティ FX 学長

1962 年青森県生まれ。1985 年立教大学文学部卒業後、大手の投資情報ベンダーの編集長、社長などを歴任するとともに国際金融アナリストとして活躍。2000 年 IT バブル崩壊とその後の円急落、2007 年円安バブル崩壊、2012 年アベノミクス円安、2016 年トランプ・ラリーなどの大相場予測をことごとく的中させ、話題となる。

近年は一般投資家や金融機関向けに、金融リテラシーの向上を目的とした「わかりやすく、役立つ」講演や教育活動に注力する。2019 年 11 月より現職。

著書に『投資に勝つためのニュースの見方、読み方、活かし方』（実業之日本社）、『FX 予測のプロフェッショナルがついに書いた！ FX7 つの成功法則』（ダイヤモンド社）、『アノマリーで儲ける！FX 投資術』（双葉社スーパームック）、『これから来る！「超円安」・「超株高」の本命シナリオ』（カンゼン）など多数。

そうだったのか！ FX大相場の真実

2020年12月１日　　第１刷発行

著　者　吉田 恒

発行者　唐津 隆

発行所　株式会社ビジネス社

〒162-0805　東京都新宿区矢来町114番地 神楽坂高橋ビル5F

電話　03(5227)1602　FAX　03(5227)1603

http://www.business-sha.co.jp

〈編集協力〉宇都宮尚志

〈装幀〉中村聡

〈本文組版〉茂呂田剛（エムアンドケイ）

〈印刷・製本〉中央精版印刷株式会社

〈営業担当〉山口健志

〈編集担当〉本田朋子

ISBN978-4-8284-2236-7